品质工程丛书

高速公路品质工程创建实践

Gaosu Gonglu Pinzhi Gongcheng Chuangjian Shijian

张新宇 主 编
吴文明 孙红生 副主编

内 容 提 要

品质工程是践行现代工程管理发展的新要求，旨在追求工程内在质量和外在品位的有机统一，是推动公路工程质量和安全管理水平全面提升的有效途径。本书通过工程实践对高速公路建设管理过程中各专项工程的安全文明施工、五新应用、三微改进行总结，可以为高速公路建设管理提供有益参考。

图书在版编目（CIP）数据

高速公路品质工程创建实践 / 张新宇主编 . -- 北京 : 人民交通出版社股份有限公司 , 2018.10

ISBN 978-7-114-15098-2

Ⅰ . ①高…　Ⅱ . ①张…　Ⅲ . ①高速公路—道路建设—研究　Ⅳ . ① U412.36

中国版本图书馆 CIP 数据核字 (2018) 第 244265 号

高速公路品质工程创建实践

著 作 者：张新宇
责任编辑：钱 堃
责任校对：刘 芹
责任印制：张 凯
出版发行：人民交通出版社股份有限公司
地　　址：（100011）北京市朝阳区安定门外外馆斜街3号
网　　址：http://www.ccpress.com.cn
销售电话：（010）59757973
总 经 销：人民交通出版社股份有限公司发行部
经　　销：各地新华书店
印　　刷：北京虎彩文化传播有限公司

字　　数：247 千　　开　　本：787 × 1092　1/16　　印　　张：10.75
版　　次：2018年 10月　第 1 版
印　　次：2018年 10月　第 1 次印刷
书　　号：ISBN 978-7-114-15098-2
定　　价：65.00元

编委会

编写组

主　编

张新宇

副主编

吴文明　孙红生

参　编

朱丽杰　吴瑞祥　于连春　蔡德凯　成子满

李结义　曹海盛　邢分麦　王　岩　韩志超

魏　军　常军辉　高松洁　叶雄涛　马广军

晏卫革　罗立红　刘　谦　吴　迪　李志坚

王　军　张树军　苏田斌　游燕燕　姚金钊

高海鹏　张国新　陈向峰　刘志忠　杨海峰

张　波　周冬梅　张永利　曹金生　杨方敏

李　硕　孙颖勃　葛新春　李　岩　张克林

刘　众　李卓然　赵朋欣　高　昆　王逸群

王　皓　李志国　赵　东　耿斌斌　宋晓雨

彭　末

—— X U

序

打造公路水运品质工程是交通运输行业贯彻落实党的十九大精神、党中央国务院质量提升行动决策部署和深化交通运输基础设施供给侧结构性改革的重要举措。高质量发展不仅是建设交通强国的根本要求，更是国家发展的战略部署。建品质工程、建品质高速公路是高质量发展总体部署的深入践行，是推动公路工程质量和安全水平全面提升的有效途径，是推进实施现代工程管理和技术创新升级的不竭动力。

为将党中央国务院质量提升行动部署落到实处，河北省政府高屋建瓴、开拓思路，在高速公路建设中引入“PPP”投融资项目管理模式，由中国交通建设股份有限公司、中国建筑股份有限公司、中交路桥建设有限公司作为社会投资人与政府出资代表河北交通投资集团公司共同组建了中交建冀交高速公路投资发展有限公司，希冀通过引入专业团队，保证工程品质。

公司自成立以来，积极践行绿色公路典型示范、科技示范、品质示范、PPP项目示范工程理念，以工程建设为中心，创造性提出“一体、两侧、三级、两包干”管理体制，以“路面15年不小修、沿线设施20年不落后、桥梁40年免维护”为内在质量目标，以立足于规范化管理、标准化施工、样板化示范为抓手，牢牢抓住施工工序流程化、施工工艺标准化建设基线，把粗活做细、把细活做精，建标准段、造标准件，将工程质量形象化、样板化，发挥示范引领作用，打造典型示范工程。通过工程示范创建，将品质工程建设分阶段、分步骤、分层次逐步落实，深入递进，持续提升。

本书总结了高速公路建设过程中关键工序、关键部位品质提升示范，是本书编委会成员的集体智慧之力作，希望对提高高速公路建设管理水平有所贡献。

河北交通投资集团公司党委书记、董事长

王国清

2018年5月

QIANYAN

前言

深化现代工程管理，坚持管理和技术创新，全面实现建设管理信息化、工程施工标准化、过程管理精细化、服务设施多元化，打造路基永久、基层长久、路面耐久、桥梁百年工程；在保证工程结构耐久性、外观造型美观性、养护维修方便性、运营通行安全性的前提下，进一步增强便利出行、高效畅通、行驶舒适、路景和谐、景观优美的功能质量，进一步提升高速公路的服务质量，是践行党中央、国务院关于开展质量提升活动要求的重要举措。

我公司所属太行山高速公路涞曲、京蔚、西阜保定段和唐廊高速公路唐山段的高速公路建设者们，从路基清表、地基处理到路基填筑成型，从桩基、墩柱、梁板预制到桥面系施工，内容涵盖路基、桥涵、隧道、路面及房建、交安、机电、绿化等附属工程，全方位、多角度推行典型示范工程创建，并按照“成熟一批、总结一批、推广一批”的原则，将阶段成果深入研究、精心总结，推出《高速公路品质工程创建实践》，旨在深入推广应用，放大示范工程能量，推动公路工程品质提升，让品质工程深入人心，为打造“四个示范工程”强本固基，稳重追远。

在《高速公路品质工程创建实践》付梓出版之际，谨向广大高速公路建设者致敬，向参与本书编写工作的人员和负责本书资料搜集、数据整理工作的人员致谢。希望广大高速公路管理者、建设者将品质工程管理理念深入贯彻到工程建设中，不断归纳好的做法，将标准化施工常态化，将品质提升常态化，全面提升工程建设质量安全管理水平。

本书编写组

2018 年 5 月

M U L U

目录

第一部分 隧道

第二部分 桥涵

第三部分 路基

第一部分

隧　道

隧道开挖施工工艺微改进

一、实施背景

隧道超欠挖控制效果差，爆破粉尘会对施工人员的健康与安全造成一定危害。部分隧道距离民房等建筑物距离较近，常规爆破会对建筑物产生震动危害。通过水袋爆破结合二氧化碳气体爆破，可以减少粉尘污染，避免爆破震动对邻近建筑物的危害。对隧道弃渣进行筛选利用，可以节约占地，避免环境污染。

二、适用范围

适用于石质围岩隧道开挖。

三、实施控制

1. 隧道超欠挖控制

在炮孔中放置水袋，提高爆破能效，减少炸药量，减轻对围岩的扰动，提高光面爆破效果，并起到降尘作用；在直线段采用激光导向仪放线，提高作业效率，有效控制了喷射混凝土用量（图 1–1 ~ 图 1–4）。

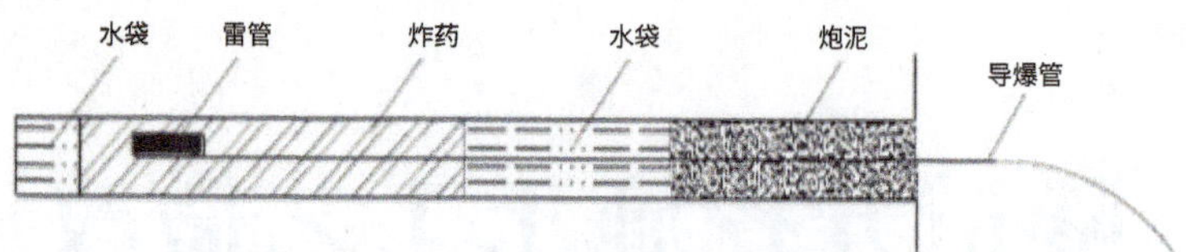

图 1–1 炮孔填塞水袋、炮眼装炸药结构示意图

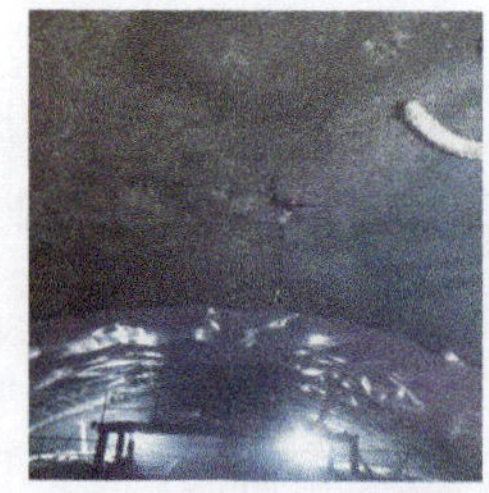
图 1–2 水袋堵塞炮眼

图 1–3 激光导向仪

图 1–4 光面爆破效果

2. 采用二氧化碳气体爆破（图 1–5）

隧道洞口段距周边居民房屋最近处为 70m，距离较近，采用常规炸药爆破，爆破震动和爆破噪声影响建筑物安全及居民生活。通过采用二氧化碳爆破，有效避免了爆破作业对附近房屋的震动危害，降低了爆破噪声，解决了爆破作业的扰民问题。

图 1–5 隧道二氧化碳爆破作业

3. 隧道弃渣利用

隧道施工弃渣量大，须征用大面积弃渣场。而山区的大面积弃渣场少，同时存在雨季流渣影响生态环境和危及生活安全等情况。

根据隧道岩层岩性，对于砌体防护、基层碎石等工程，采用碎石加工和片石筛检等措施（图 1–6），分类利用弃渣，就地取材加工，节约了弃渣占地，减少了弃渣场征地面积，控制了废渣对环境的污染。

a)

b)

图 1-6 隧道弃渣利用

四、实施成果

（1）通过采用激光导向仪控制隧道超欠挖，提高了光面爆破效果和作业效率。

（2）通过采用水袋塞炮眼，提高了爆破效果，控制了爆破扬尘，保证了施工人员的健康与安全；洞口段采用二氧化碳气体爆破，减少了震动危害，降低了爆破噪声，避免了爆破作业的扰民问题。

（3）通过隧道弃渣再利用，不仅保护了环境，而且经济实用。

隧道初期支护工艺微改进

本工艺微改进要点：

钢筋网片加工采用胎架定位，确保网片加工尺寸及精度。

钢拱架连接钢板采用等离子切割设备加工，切割效率高、切割面平整。钢拱架与连接钢板焊接采用二氧化碳气体保护焊，焊缝饱满无假焊、漏焊、焊瘤等缺陷。连接钢板螺栓孔采用钻床加工，施工效率高，螺栓孔精度高。

初喷混凝土采用大型湿喷机械手施工，施工效率高、质量佳、作业环境好、机械化程度高。

一、实施背景

隧道初期支护常规施工工艺中钢筋网片、钢拱架以及喷射混凝土施工，存在施工效率低、精度差、质量过程控制难度大、机械化程度低等问题。通过引入等离子钢板切割设备、二氧化碳气体保护焊及大型湿喷机械手等设备，可以使隧道初期支护各环节施工质量从根本上得到提升。

二、适用范围

适用于隧道初期支护施工。

三、亮点简述

隧道初期支护施工亮点如表 1–1 所示。

隧道初期支护施工亮点　　表 1-1

序号	常见问题		采取措施
1	钢筋网片	钢筋网片加工尺寸不准确。	采用钢筋网片定位胎架加工
2	钢拱架	钢拱架连接钢板气割不平整，效率低	采用等离子切割技术
3		连接钢板螺栓孔加工精度低	采用钻床加工螺栓孔
4		钢拱架加工线形不准确	采用大型拱架型钢冷弯机加工钢拱架
5		钢拱架焊接焊缝质量差	采用二氧化碳保护焊
6		钢拱架单元拼装不准确	不同规格首榀钢拱架单元试拼
7	喷射混凝土	拱架保护层合格率低	沿钢架外缘每隔 3m 设置 3cm 控制尺
8		喷射混凝土外观平整度差	
9	机械设备	喷射混凝土施工效率低	采用大型湿喷机械手施工
10		施工质量差	
11		施工环境差	
12		机械化程度低	

四、实施过程控制

1. 钢筋网片定位胎架加工

根据钢筋网片设计尺寸，进行钢筋网片定位胎架的加工（图 1–7），在胎架上逐层依次摆放钢筋网片，层与层之间钢筋摆放呈正交方向，依靠定位胎架摆放钢筋，准确定位钢筋网片纵横向间距，并按照顺序逐格统一施焊，集中吊装下架，定点存放（图 1–8）。通过钢筋网片胎架加工，保证了钢筋网片间距，提高了钢筋网片施工质量、施工效率和标准化施工水平。

图 1–7　钢筋网片定位胎架加工

图 1–8　钢筋网片定点存放

2. 拱架连接钢板等离子切割

去除拱架连接钢板表面污物后按照设计尺寸放设切割线，固定好等离子切割设备轨道后，按线自动切割拱架连接钢板，加快了切割效率，减小了人工劳动强度，使钢板切割面平整度、切割质量得到了较大提升（图 1–9）。

3. 连接钢板螺栓孔钻床加工

加设钢板限位卡具的钻床的使用，使螺栓孔位置和螺栓孔尺寸的精度均得到显著提高（图 1–10），确保了拱架单元连接时的栓接质量（图 1–11），提高了施工效率。

图 1–9 连接钢板等离子切割

图 1–10 连接钢板螺栓孔钻孔施工

图 1–11 连接钢板螺栓孔成品

4. 钢拱架冷弯机加工

钢拱架采用大型拱架型钢冷弯机加工（图 1–12），加工尺寸准确、效率高（图 1–13）。

图 1–12 钢拱架采用大型拱架型钢冷弯机加工

图 1–13 钢拱架单元成品

5. 钢拱架二氧化碳气体保护焊焊接

钢拱架连接钢板与拱架工字钢焊接采用二氧化碳气体保护焊焊接，焊缝饱满，焊缝表面无裂纹，无假焊、漏焊、焊瘤等缺陷，确保了焊接质量、提高了施工效率（图 1–14、图 1–15）。

图 1–14 二氧化碳气体保护焊焊接

图 1–15 焊接成品

6. 钢拱架试拼

不同规格的首榀拱架单元按照设计尺寸加工完成后，在洞口外平整场地上按照拱架单元拼装顺序编号进行整体试拼，以检验拱架整体拼装精度和线形；经检验满足要求后，进行批量生产，较好保证了拱架的整体加工质量（图 1–16、图 1–17）。

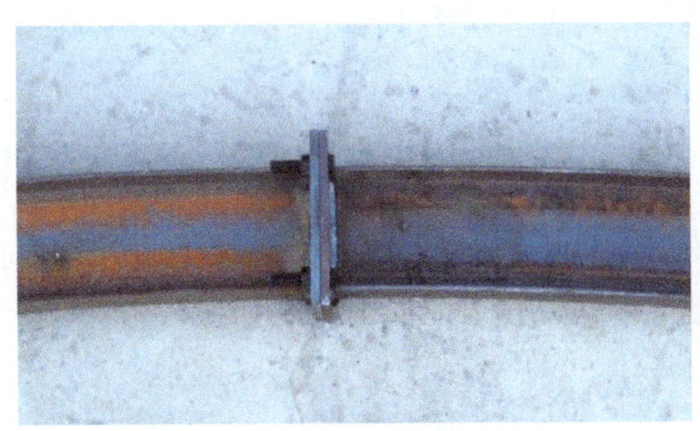
图 1–16 钢拱架连接板栓接试拼

图 1–17 拱架整体试拼

7. 喷射混凝土厚度控制

在拱架单元外侧每隔 3m 点焊 3cm 钢筋头，在喷射混凝土施工时，混凝土喷平至钢筋头表面，既保证了拱架保护层厚度满足要求，同时也保证了喷射混凝土表面满足平整度指标，为后续二次衬砌施工提供了良好的基础（图 1–18、图 1–19）。

图 1–18 拱架外缘点焊 3cm 钢筋头

图 1–19 喷射混凝土外观

8. 大型湿喷机械手应用

喷射混凝土采用大型湿喷机械手施工，解决了常规喷射混凝土施工效率低、施工质量差、施工环境差、机械化程度低的问题（图 1-20）。

a)

b)

图 1-20 大型湿喷机械手应用

喷射时喷头与受喷面保持 0.6~1.2m 的适当距离，喷射角度保持在 90°，喷射压力控制在 0.1~0.15MPa，喷射速度控制在 $10m^3/h$；喷射顺序为先墙后拱，从下至上，以 S 形曲线移动，从两侧边墙底部开始喷射，喷射到拱顶中心线位置闭合，完成“一环”喷射混凝土的一次喷射。

五、实施成果

（1）钢筋网片通过采用定位胎架加工，实现了钢筋网片规范化集中批量加工，加工质量和效率大幅度提高，实现了集约化生产。

（2）钢拱架连接钢板通过采用等离子切割机切割，钢板切割逐步实现自动化，钢板切割面平整度和切割效率大幅提高，节约了施工成本。

（3）钢拱架连接钢板螺栓孔通过采用钻床加工，螺栓孔的加工精度和效率都大幅提高，有效保证了螺栓连接的质量，提高了施工效率。

（4）喷射混凝土通过采用大型湿喷机械手施工，施工效率高——每小时可喷射混凝土 8~$20m^3$；作业范围大——一次定位喷射距离达 12m，最大喷射高度可达 26m，这是一般人工操作湿喷混凝土无法达到的；施工质量好——喷射混凝土附着力较好、密实度高、回弹率低，强度较传统湿喷混凝土高 20% 左右；施工环境佳——施工过程产生的粉尘少，作业环境得到极大改善，保障了作业人员的健康与安全；机械化程度高——操作人员少，劳动强度显著降低，保障了人员安全，降低了风险。

隧道二次衬砌施工设备微改造

本微改造要点：

衬砌台车钢端模加设卡具，确保止水带安装位置精准，止水效果得到极大改善。

边墙衬砌钢筋采用挤压套筒机械连接，避免二衬钢筋焊接对防水板的损伤。

衬砌环向钢筋采用角钢卡具定位，确保钢筋间距精准。

二次衬砌台车模板尾部安装L形钢带抵抗模板变形，减小衬砌节段间错台。

整体式台车及混凝土雾炮养护保证了混凝土质量及防水效果。

一、实施背景

常规隧道二次衬砌的施工中，中埋式止水带采用钢筋定位、木端模止挡方式，极易出现止水带安装移位，引起止水带损伤，导致止水效果差以及二次衬砌混凝土端面平整度欠佳。通过在衬砌台车前端安装分离式带卡具钢端模，可以确保中埋式止水带安装位置准确且不受损伤，拆模后衬砌端面平整度良好。

常规施工中二次衬砌环向主筋纵向间距定位不准确，通过采用角钢卡具对二次衬砌环向主筋进行准确定位，可以确保钢筋纵向间距的精准定位。

二次衬砌混凝土浇注过程中，台车在承受荷载后回缩变形，会导致漏浆及节段间错台大的质量问题，通过对二次衬砌台车（以下简称“二衬台车”）进行微改造，在台车尾端加装L形钢带，可以抵消台车回缩变形，可以有效将衬砌错台控制在10mm以内，同时确保了模板不漏浆。

二、适用范围

适用于隧道二次衬砌施工。

三、亮点简述

隧道二次衬砌施工亮点如表 1-2 所示。

隧道二次衬砌施工亮点　　表 1-2

序号	常见问题		采取措施
1	防排水工程	防水板安装质量差	采用激光投射仪布点，采取“纵向分段、整幅铺挂”的方式铺挂防水板
2		中埋式止水带安装位置有偏差	衬砌台车安装带卡具钢端模
3		钢筋焊接损伤防水板	边墙衬砌部分钢筋采用挤压套筒连接
4	钢筋工程	钢筋保护层合格率低	内外层钢筋采用混凝土垫块
5		钢筋间距不满足设计要求	采用角钢卡具及定位钢筋进行间距控制
6	模板工程	小矮墙与拱腰衬砌分体施工	拱墙模板整体加工
7	混凝土工程	节段间错台过大	用 L 形钢带抵抗模板变形
8		浇注过程需频繁移动输送泵管，易产生混凝土冷缝、初凝色差和水纹	采用分流串筒和导流槽，直接把混凝土导流到各个窗口内
9		混凝土强度增长慢，外观差	雾炮养护

四、实施过程控制

1. 防水板铺挂

防水板铺挂采用激光投射仪布点（图 1-21），精确显示出土工布的固定位置，可有效控制挂设固定点的间距。采取洞内“纵向分段、整幅铺挂”的方式铺挂防水

a)

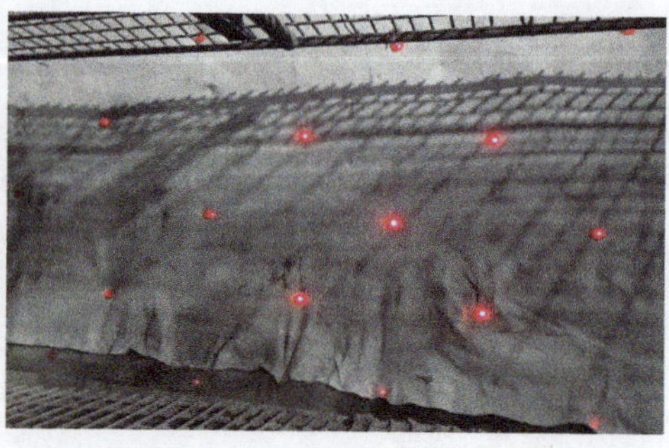

b)

图 1-21 激光投射仪布点效果

板（图 1–22），采用热合机双焊缝焊接，搭接宽度不小于 10cm，焊缝强度不小于防水板本身强度的 80%，通过试焊确定焊接温度和速度，保证搭接牢靠。防水板铺挂时预留一定的松弛度，防止浇注二次衬砌混凝土时防水板绷紧造成拱顶二次衬砌厚度不足或防水板被胀破，影响防水效果。焊接完成后，采用充气法检测焊缝密闭性。

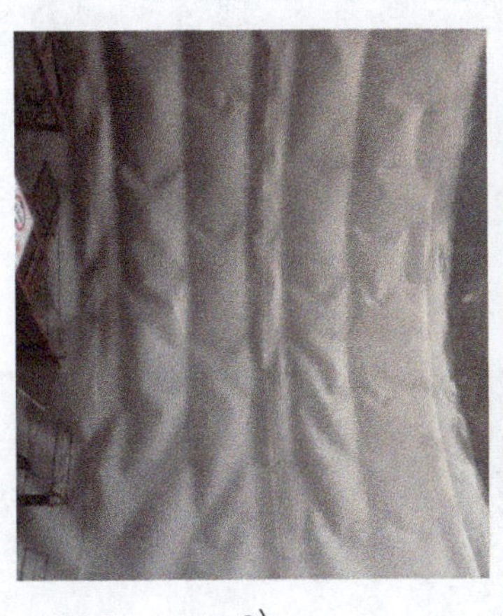

a)

b)

图 1–22 防水板铺挂效果

2. 中埋式止水带钢端模定位

对衬砌台车模板设计加工时，在台车前端加装带卡具钢端模，钢端模采用横向、环向分块方式，由分离式定型钢模板、活动销、定位钢管、木塞组成，将中埋式止水带安装在分离式定型钢模板中间（模板内夹住止水带 1/2 长度，图 1–23），夹紧活动销，安装定位钢管、塞紧木塞，有效解决了二次衬砌中埋式止水带安装位置偏差大、止水效果不佳的质量问题，同时提高了二次衬砌端部断面平整度（图 1–24）。

图 1–23 中埋式止水带钢端模定位

图 1–24 中埋式止水带安装效果

3. 钢筋采用挤压套筒连接

钢筋在钢筋加工厂加工成型，对拱部的钢筋接头进行焊接后，采用钢筋安装台车进行安装，边墙衬砌部位钢筋采用挤压套筒连接，有效避免了钢筋焊接对防水板的损伤（图 1–25）。

图 1–25 钢筋采用挤压套筒连接

4. 钢筋保护层控制

通过在钢筋与防水板间、钢筋与台车模板之间，每间隔 1m 以梅花形布置混凝土垫块（图 1–26），保证了钢筋保护层厚度。

a)

b)

图 1–26 钢筋保护层垫块安装

5. 钢筋定位

安装钢筋时，通过采用角钢卡具对环向钢筋间距进行准确定位，确保了钢筋纵向间距精准；内外层钢筋通过采用定位钢筋进行间距控制，确保了内外层钢筋间距满足设计要求（图 1–27）。

a)

b)

图 1–27 钢筋定位

6. 二次衬砌整体式模板

采用小矮墙模板对拱腰衬砌模板进行整体加工（图 1–28），小矮墙模板通过“活页螺栓”与台车模板进行连接，模板可一次支设到位，避免了单独施工衬砌小矮墙形成的施工缝，能起到更好的防水效果，改善了衬砌施工整体效果（图 1–29）。

图 1–28 二衬台车小矮墙模板

图 1–29 衬砌施工效果

7. 台车尾端 L 形钢带微改造

在二衬台车尾端安装 L 形钢带，钢带厚度 16mm，搭接宽度 15cm，长度沿台车模板边缘周圈布置，钢带上边缘低于台车 2cm，钢带内侧粘贴橡胶止浆带，止浆带厚度 3cm，压缩回缩变形量 2cm。混凝土浇注时台车模板回缩变形利用止浆带回缩变形抵消，可有效将节段间错台指标控制在 10mm 以内，大幅低于相关规范要求的 20mm（图 1–30~ 图 1–33）。

图 1–30 二衬台车尾端 L 形钢带微改造

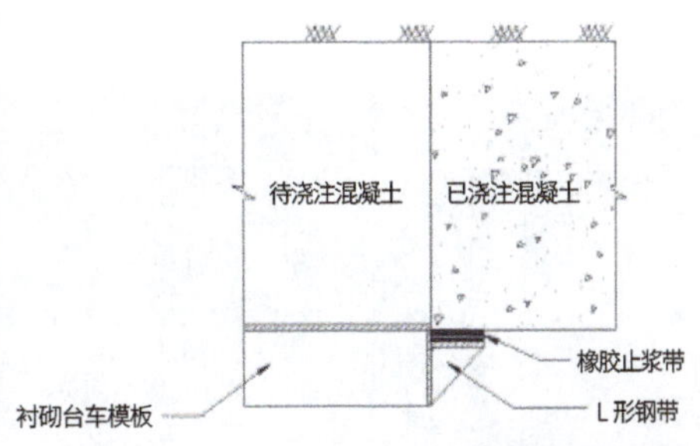

图 1–31 二衬台车尾端 L 形钢带位置示意图

图 1–32 二衬台车尾端 L 形钢带安装

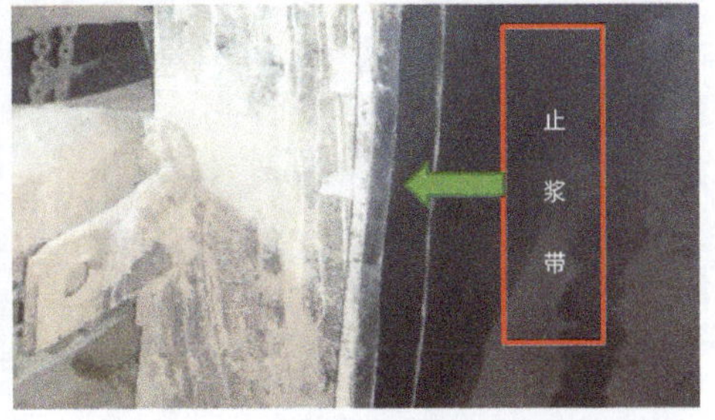

图 1–33 二衬台车尾端 L 形钢带橡胶止浆带安装

8. 二次衬砌混凝土浇注采用分流串筒和导流槽

二次衬砌混凝土浇注采用分流串筒和导流槽，把混凝土导流到各个灌注窗口内（图 1-34），减少了施工中移动输送泵管口的繁琐工作，有效避免了施工冷缝，保证了二次衬砌混凝土浇注的连续性和稳定性。

a)

b)

图 1-34 分流串筒和导流槽浇注二次衬砌混凝土

9. 拱顶压浆孔预留

拱顶处按照相关要求预埋与二次衬砌混凝土同强度等级的预制混凝土注浆管，作为备用压浆管，后期注浆完毕后，与二次衬砌混凝土融为一体，在确保拱顶不脱空的同时，提高了二次衬砌混凝土美观度（图 1-35、图 1-36）。

图 1-35 注浆完成后效果

图 1-36 衬砌拱顶压浆孔效果

10. 混凝土雾炮养护

在二次衬砌混凝土拆模后，通过雾炮喷雾养护，确保了混凝土后期强度的增长并改善了隧道内的作业环境（图 1-37、图 1-38）。

图 1-37　二次衬砌混凝土雾炮养护

图 1-38　二次衬砌混凝土雾炮养护效果

五、实施成果

（1）通过二衬台车前端使用钢端模和尾端增设 L 形钢带对台车进行微改造，使得二次衬砌混凝土端部缝平整度、节段间错台等得到极大改善，同时中埋式止水带的安装质量、止水效果也得到了有效保障。

（2）边墙衬砌部分钢筋采用挤压套筒机械连接，避免了焊接施工对防水板的损伤，对铺挂好的防水板成品起到了很好的保护作用。

（3）二次衬砌环向钢筋通过采用角钢卡具精确定位，使得环向主筋的纵向间距得到了有效保证。

（4）采用激光投射仪，精确显示出土工布的固定位置，有效控制了挂设固定点的间距，保证了防水板铺挂质量。

（5）通过雾炮养护，保证了二次衬砌混凝土质量及防水效果。

隧道仰拱施工设备微改进

本微改进要点：

采用全液压轮式自行栈桥解决了隧道仰拱施工标准化和机械化配套施工水平低的问题。

采用仰拱分离式定型钢端模，既保证了仰拱中埋式止水带施工质量，同时保证了仰拱端头混凝土端面的平整度。

采用定位筋和定位胎架，保证了仰拱衬砌钢筋的纵向间距和层间距满足设计要求。

一、实施背景

隧道仰拱施工常规使用的栈桥，是施工人员根据施工经验自行加工的简易栈桥，需要人员、机械设备配合进行移位，施工机械化配套程度低，且难以满足仰拱全幅施工、早封闭、早成环的施工要求。在保证施工安全质量的前提下，采用全液压轮式自行栈桥可以降低仰拱施工成本，提高施工效率，该方法特别适用于大断面、长隧道的仰拱施工。

仰拱分离式定型钢端模可以解决仰拱模板采用常规木模接缝多，止水带定位效果不佳，模板周转次数低，材料浪费严重等问题。

仰拱衬砌钢筋采用定位筋及定位胎架安装，可以保证仰拱衬砌钢筋的纵向间距和层间距满足设计要求。

二、适用范围

适用于隧道仰拱施工。

三、亮点简述

隧道仰拱施工亮点如表 1–3 所示。

隧道仰拱施工亮点　　表 1-3

序号	常见问题		采取措施
1	仰拱设备	仰拱施工标准化及机械化程度低	采用全液压轮式自行栈桥，解决了隧道施工标准化作业和机械化配套的问题
2		仰拱半幅开挖、半幅施工	采用全液压轮式自行栈桥，实现仰拱及仰拱填充全幅施工
3		仰拱填充施工周期较长，隧道安全步距易超标	采用全液压轮式自行栈桥，操作便捷，仰拱填充施工效率高，实现了早封闭、早成环的施工要求
4	仰拱防排水	仰拱中埋式止水带安装位置不准确，止水效果不佳	分离式定型模板只夹住止水带 1/2 的长度，通过对止水带的精准定位，确保了止水带的安装质量和止水带的止水效果
		中央排水管预留横向排水管孔位不标准	中央排水管采用钻孔方式预留横向排水管孔位
5	仰拱衬砌钢筋	钢筋安装间距不准确	采用定位筋和定位胎架，定位主筋间距
6	仰拱模板	仰拱端头采用木模，接缝多，易变形损坏，周转率底，线形安装不佳	仰拱采用定型钢端模，质量好
7		模板安装效率低，时间长	分离式定型端模，便于安装操作，节省模板安装时间
8	仰拱混凝土	仰拱混凝土端头平整度差，接缝多，变形缝、沉降缝等不平顺	采用定型钢模板，模板尺寸按照仰拱衬砌设计图纸加工，端头混凝土外观质量得到很大提升

四、实施过程控制

1. 全液压轮式自行栈桥应用

仰拱施工通过采用全液压轮式自行栈桥，解决了高速公路隧道施工标准化作业和机械化配套低的问题，同时，可保证隧道仰拱及仰拱填充全幅施工、仰拱混凝土整幅浇注一次成型和快速施工，并减少了掌子面开挖施工运输和仰拱施工之间的干扰，满足了仰拱早封闭、早成环的施工要求（图 1–39~ 图 1–41）。

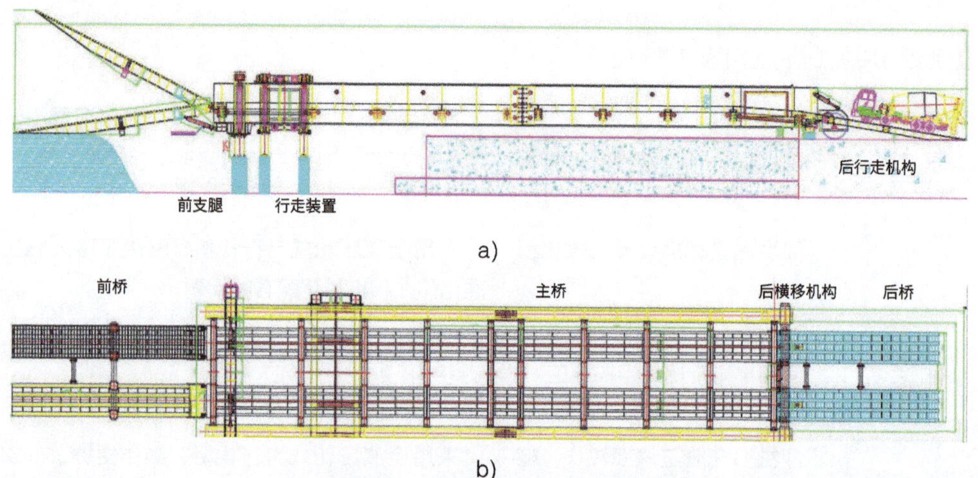

图 1-39 全液压轮式自行栈桥仰拱施工示意图

图 1-40 全液压轮式自行栈桥拼装

图 1-41 全液压轮式自行栈桥仰拱施工

2. 仰拱中埋式止水带定位

仰拱衬砌钢端模由分离式定型钢模板、卡具组成，将中埋式止水带安装在分离式定型钢模板中间，上、下端头模板使用卡具夹紧，保证了中埋式止水带的位置安装准确，仰拱弧形部分混凝土外观平顺，厚度精准（图 1-42、图 1-43）。

图 1-42 仰拱中埋式止水带模板安装

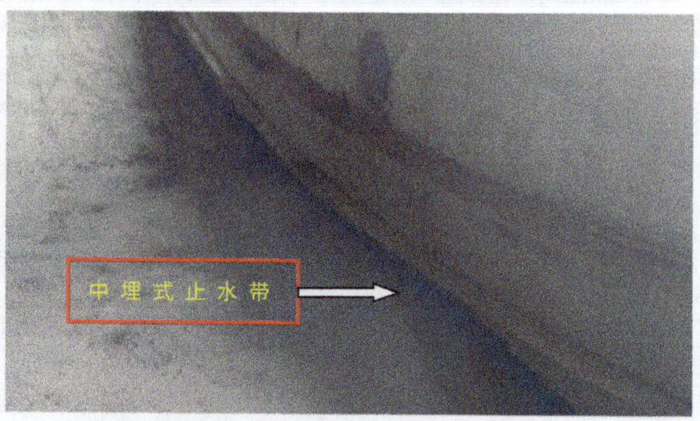

图 1-43 中埋式止水带施工效果

3. 中央排水管钻孔

中央排水管通过使用钻孔机钻孔，有效解决了横向排水管预留口位置、尺寸不标准的质量问题（图 1–44~ 图 1–46）。

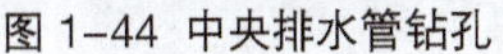

图 1–44 中央排水管钻孔

图 1–45 中央排水管钻孔效果

图 1–46 中央排水管安装效果

4. 横向排水管定位

浇注仰拱衬砌混凝土时，在横向排水管安装位置预埋横向排水管定位钢筋，保证了仰拱衬砌混凝土浇注过程中横向排水管不移位（图 1–47、图 1–48）。

5. 仰拱衬砌钢筋定位

通过焊接定位钢筋保证了仰拱衬砌钢筋层间距，采用定位胎架对纵向间距进行了准确定位（图 1–49~ 图 1–52）。

图 1–47 横向排水管钢筋定位

图 1–48 横向排水管施工效果

图 1–49 仰拱衬砌钢筋纵向间距定位胎架

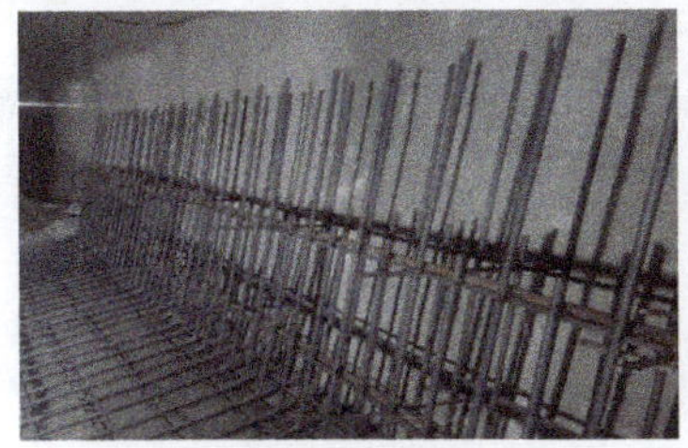

图 1–50 仰拱衬砌钢筋纵向间距定位胎架安装

图 1–51 仰拱衬砌钢筋层间距定位钢筋

图 1–52 仰拱衬砌钢筋层间距定位钢筋安装

6. 仰拱定型钢模板应用

仰拱通过采用定型钢模板施工（图 1–53、图 1–54），解决了常规施工采用木模接缝多、模板安装线形不佳、周转率低以及模板损耗大、安装效率低的问题。

7. 仰拱混凝土

采用定型钢模板，在仰拱衬砌混凝土强度达到设计强度 70% 后进行仰拱填充，支立模板后预埋横向排水管一次浇注混凝土成型，仰拱端头接缝处混凝土外观质量得到了显著提升（图 1–55）。

图 1–53 仰拱定型钢端模

图 1–54 仰拱填充弧形钢模板

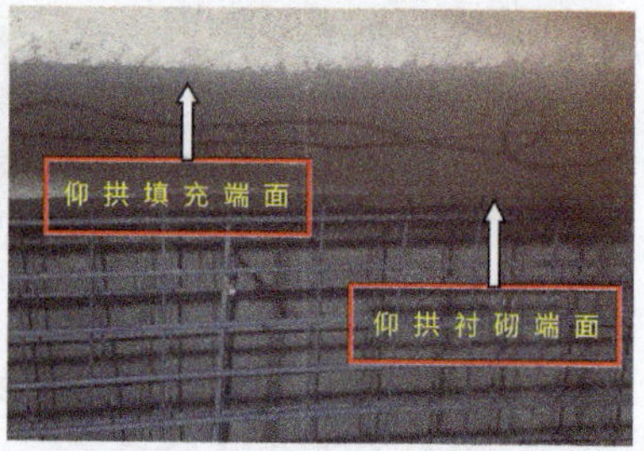

图 1–55 仰拱混凝土拆模后端头平整

五、实施成果

（1）在全液压轮式自行栈桥下进行仰拱施工，可实现隧道仰拱及仰拱填充全幅施工，满足隧道仰拱混凝土整幅浇注一次成型和快速施工的要求，并减少掌子面开挖施工运输和仰拱施工之间的干扰，实现仰拱早封闭及早成环。

（2）整个栈桥就位无须人工铺轨，1 人便可操控，不需要装载机、挖掘机及卷扬机等外部动力设备的支持，自动化程度高。

（3）分离式定型钢端模便于安装，节省了模板安装时间，全程仅需要简单的人工操作，不需要使用机械设备，从而大大提升了模板安装的施工效率。

（4）定型钢端模对止水带的精准定位，确保了止水带的安装质量，从而保证了止水带的止水效果。

（5）定型钢模板的施工，使得仰拱的外观比传统的木质端模减少了模板接缝、错台，使端头部分混凝土的外观质量得到了有效提升。

第二部分
桥 涵

桩基冲击钻成孔施工工艺

本工艺要点：

使用全自动超声成孔检测仪检孔，钻孔灌注桩一次成孔率提升到100%，桩基成孔最大倾斜度、桩基桩位偏差均得到了更好的控制，Ⅰ类桩1次成孔率达到100%，桩基质量得到了提升。

一、实施背景

浅水河滩中桩基施工，容易出现桩位偏差大及成孔过程中塌孔、流沙、桩底沉渣较厚等质量通病。通过桩基标准化施工、钢筋笼工厂化加工成型、钻孔过程采用全自动超声成孔检测仪检测成孔垂直度等措施，可避免前述质量通病，提高桩基成桩质量。

二、适用范围

适用于冲击钻成孔灌注桩施工。

三、工艺简述

通过钻孔过程控制及自动超声仪检孔，控制桩基倾斜度，提高一次成孔率；工厂化加工桩基钢筋笼及加密钢筋笼稳定三脚架，避免钢筋笼变形，提高质量。

四、实施控制

强化标准化管理，使用自动化钢筋加工设备，规范管理施工班组，采用全自动超声成孔检测仪，提高成桩质量和施工效率。

1. 冲击钻成孔

（1）泥浆池设置：施工前按照《河北省高速公路施工标准化管理指南》相关要求，在泥浆池四周设置安全围挡及安全标志牌，严控非施工人员进入施工区域（图 2-1）。

图 2-1 泥浆池防护

（2）精确定位桩孔和护筒：使用全站仪进行桩位放样，放样偏差控制在 2mm 以内。护筒周围设置 4 个护桩，采用十字形分布，随时复核桩位偏差（图 2-2、图 2-3）。

（3）就位稳固钻机：在钻机下支垫 20cm × 20cm 的方木，顶端用 4 根缆风绳对称拉紧，确保钻机不发生位移和沉陷（图 2-4）。

（4）制备优质泥浆：针对桥位的地质情况，确定合适的泥浆相对密度、黏度范围、含砂率、胶体率、pH 值等参数（图 2-5）。

a)

b)

图 2-2 桩孔精确定位

a)

b)

图 2-3 护筒精确定位

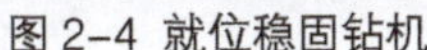

图 2-4 就位稳固钻机

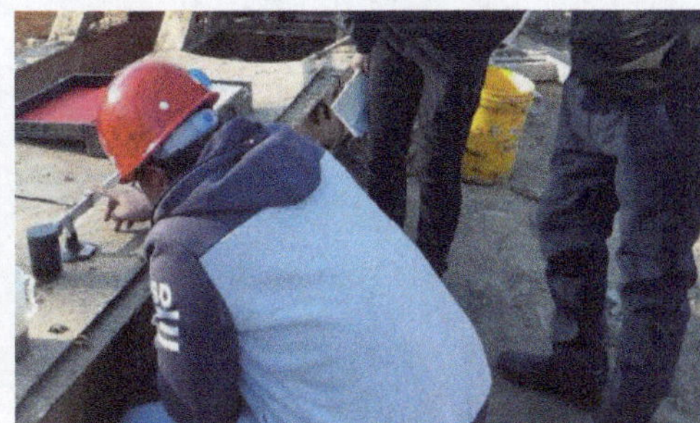

图 2-5 泥浆指标检测

（5） 全自动超声成孔检测仪检孔：全自动超声成孔检测仪由主机控制箱、孔径超声探头、探头升降绞车和孔口测深滑轮组成。其工作原理为：工作时将孔口测深滑轮架设在孔口，升降绞车远离孔口，探头与绞车上的电缆连接后通过孔口测深滑轮下放到孔中心，通过绞车进行电动或手动控制升降。主机控制箱的信号接口通过信号连接线与绞车连接，整套系统在主机的控制下进行探头升降、信号采集和深度测量、孔径测量、沉渣厚度测量等工作。

每日钻井开始工作前进行一次超声检测，成孔后进行孔径、孔深、成孔垂直度检测，提高了成孔质量和检测效率（图 2-6）。

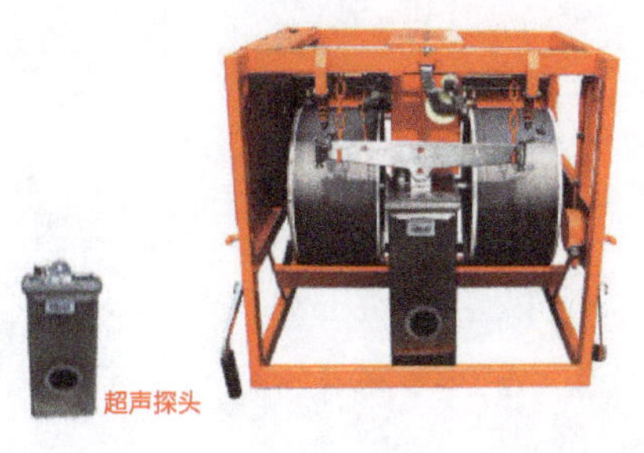

a)

b)

图 2-6 桩孔检测

2. 工厂化加工钢筋笼

（1）精准下料、车丝：根据钢筋笼的设计长度，设置钢筋节段，使用砂轮切割机将钢筋端头马蹄形断口切除，下料长度偏差控制在 5mm 以内。车丝完成后用角磨机进行打磨，保证了直螺纹端头的平整度、光滑度及加工精度（图 2-7~ 图 2-9）。

图 2-7 砂轮切割机切除钢筋端头

图 2-8 钢筋车丝

图 2-9 车丝完成后角磨机打磨端头

（2）钢筋弯弧机加工加劲圈：在专门的控制卡具上焊接加劲圈（图 2-10），成型加劲圈的外径偏差控制在 -3mm 至 -1mm。

a)

b)

图 2-10 加工钢筋笼加劲圈

（3）滚焊机加工钢筋笼：采用滚焊机加工钢筋笼，有效提高了工作效率，减少了人为偏差（图 2–11）。

（4）钢筋笼成品变形控制：在加强筋上布设三角支撑筋（图 2–12），提高了整体刚度，减少了钢筋笼在吊运过程中的变形。

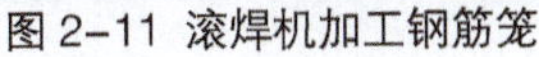
图 2–11 滚焊机加工钢筋笼

图 2–12 钢筋笼成品变形控制

（5）钢筋笼连接：钢筋笼运至现场分节吊装入孔，节段之间利用直螺纹套筒连接，与传统焊接相比大大提高了施工效率。利用力矩扳手进行套筒连接施工，力矩控制为 320N·m，有效保证了节段间连接质量。

3. 混凝土灌注

（1）导管水密性检测：采用水压法测试导管的水密性，采用孔底静水压力的 1.5 倍作为水密试验压力，确保了导管的水密性良好（图 2–13）。

（2）二次清孔减少沉渣厚度：混凝土灌注前，通过二次清孔（图 2–14），减少沉渣厚度，控制沉渣厚度在 0~2cm。

图 2–13 导管水密试验

a)

b)

图 2–14 二次清孔

（3）严格控制混凝土坍落度：出站混凝土坍落度控制在 20~22cm，灌注前混凝土坍落度控制在 18~20cm，保证了混凝土的灌注质量（图 2–15）。

（4）混凝土灌注：灌注过程中采用大料斗灌注首盘混凝土，然后换小料斗；安排专人负责测量导管埋设深度和水下混凝土灌注高程，控制拔管时间，正确指挥导管的提升和拆除，并做好记录，保证了混凝土连续灌注（图 2–16）。

a)

b)

图 2–15 坍落度的控制

a)

b)

图 2–16 大料斗灌注首盘混凝土，然后换小料斗

4. 采用“套管法”破除桩头

采用“套管法”破除桩头，既能加快施工进度，又能减轻工人劳动强度。

五、实施成果

采取以上措施完成的灌注桩，经检测桩基成孔最大倾斜度为 0.35%，小于相关规范允许值 1%；桩基桩位偏差最大值 2.6cm，小于相关规范值 10cm，桩基检测 I 类桩合格率为 100%。

桩基干挖成孔施工工艺微改进

本工艺微改进要点：

旋挖钻干挖成孔施工无须制备泥浆，环境污染小、施工场地整洁、文明施工形象好、减少了危险源，并解决了冬季由于泥浆冻结无法循环的问题，保证了工程进度。

采用标准直径钻头与小直径钻头配合进行碎石土层及卵石层的钻进作业，有效地控制了扩孔系数。

充分利用无人机在钻进、成孔、钢筋笼安装等过程中进行孔壁及孔底检测，使隐蔽工程更加直观，实现了可视化管理。

一、实施背景

在地下水位较低且地质情况相对稳定的条件下，采取旋挖钻干挖法成孔施工工艺，可以确保施工质量，加快施工进度。

二、适用范围

适用于地质条件良好的黄土、黏土层、粉质黏土层、强风化岩层、碎石或卵石土层，且施工用水困难，同时桩身范围内较难设置承压地下水作用的摩擦桩的情况。

三、工艺简述及流程

本工艺采用小直径钻头与标准直径钻头配合钻进，根据现场地层情况及时优化旋挖速度，使用无人机进行桩孔检测。使用此种方法施工，可以将扩孔系数有效地控制在0%~3%，具体施工工艺流程如图 2–17 所示。

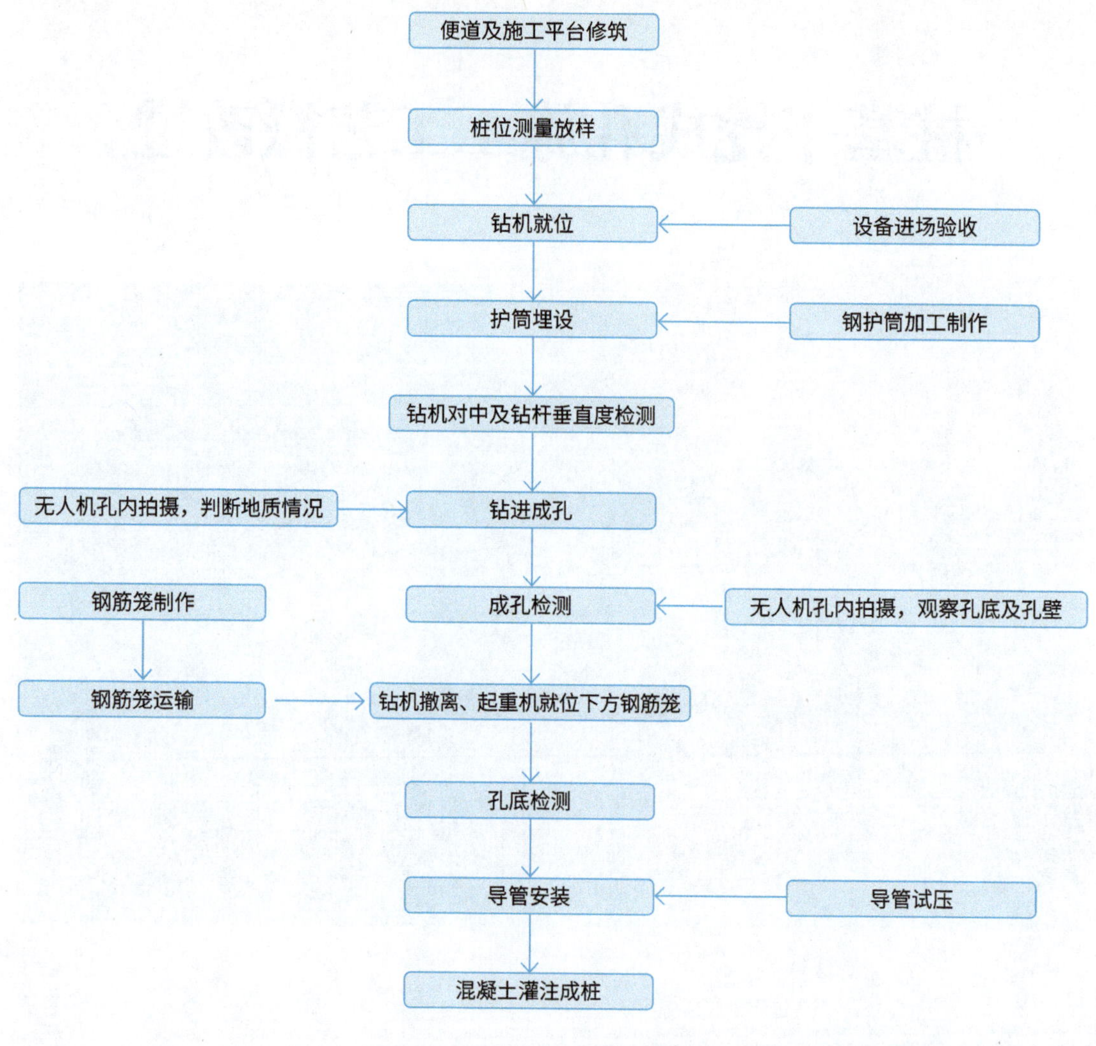

图 2-17 干挖成孔施工工艺流程

四、实施过程控制

1. 测量放样

在桩位外合适位置插打十字形骑马桩，将桩位中心点引出桩位外，骑马桩高出护筒顶面 10cm。

2. 钻机就位

钻机就位时，应安排专人指挥，调平钻机底座。钻机就位后，检查校正钻杆垂直度并对中（图 2-18）。

3. 护桶埋设

护桶埋设时，先利用大钻头钻孔，设置孔径为钢护筒直径加 40cm，深度小于护筒长度

30cm。护筒对中就位后四周均匀、对称分层填筑黄土并夯实，孔内填筑 30~50cm 厚黄土并夯实（图 2–19）。

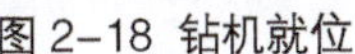
图 2–18 钻机就位

图 2–19 护筒埋设

4. 旋挖钻施工

开启旋挖钻施工时，先慢后快，慢速提钻。每钻进 5m 安排无人机入孔观测一次，检查孔壁情况、判断地质情况，根据钻渣及无人机拍摄影像资料对地质情况进行动态观察。

进入碎石土层或卵石土层时，先用小直径钻头（直径 1.2m 的钻头）中速下切旋挖，再用正常直径钻头（此处指与直径 1.5m 桩基对应的直径 1.45m 钻头），慢速下切扫孔至小直径钻头旋挖高程位置，再慢速提钻，将钻渣清运出场。如此循环，直至穿过碎石土层或卵石层（图 2–20）。

a)

b)

图 2–20 旋挖钻施工

5. 无人机检孔

挖孔过程中，采用无人机进行孔内拍摄，检查孔壁及地质情况，成孔后进行孔底沉渣检测，钢筋笼安装完成后进行孔壁及孔底沉渣检测（图 2–21）。

a) b)

图 2-21 无人机孔内检测

6. 钢筋笼制作及安装

将钢筋笼节段在钢筋加工厂集中加工，现场拼装，其中钢筋笼标准节段按长度 12m 控制，节段间主筋采用镦粗直螺纹机械连接。安装砂浆垫块，确保钢筋保护层厚度；利用通止规检测钢筋丝头，将其在钢筋加工厂内进行试拼，现场利用数显扳手进行扭矩检测，保证机械连接稳定（图 2-22）。

a) b) c)

图 2-22 钢筋机械连接

7. 钢筋笼吊装

使用汽车起重机进行钢筋笼吊装，使用扁担梁进行三点起吊（图 2-23）。钢筋笼安装完成后，安排无人机进入孔内，检查钢筋保护层情况。

a)

b)

图 2–23 钢筋笼吊装

8. 导管试压

安排导管进场后，对其进行外观质量检查，合格后进行压力试验（图 2–24），对试验合格的导管进行逐一编号，再投入使用。

a)

b)

图 2–24 导管试压

9. 混凝土灌注

混凝土灌注采用埋管干灌工艺。为保证混凝土密实，视情况适当增加导管埋置深度。桩顶 6m 范围内混凝土采用插入式振捣棒进行振捣，保证了桩顶混凝土密实（图 2–25）。

a)　　b)

图 2-25 混凝土灌注

10. 混凝土低温施工温度控制

混凝土低温施工时，须加强对混凝土的温度控制。混凝土出场前，进行出场检测，检测合格后，方可允许进场；到场后再次进行检测，确保混凝土入孔温度不低于 5℃。浇注完成后，采用保温棉被对孔口进行覆盖，对桩顶混凝土进行保温（图 2-26）。

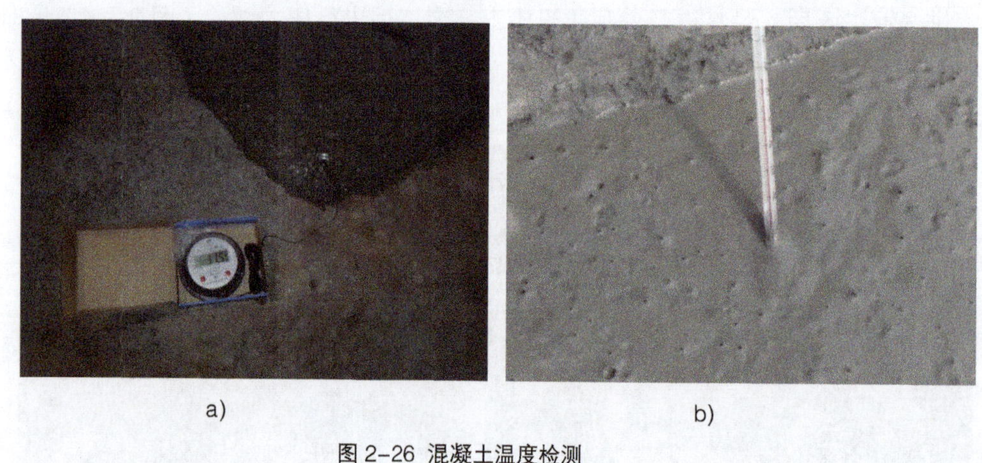

a)　　b)

图 2-26 混凝土温度检测

五、实施成果

采用旋挖钻干挖成孔施工工艺，提高了施工安全，加快了冬季施工进度；采用标准直径钻头与小直径钻头配合进行碎石土层及卵石层的钻进作业，利用无人机进行施工检测，提高了工程管理质量。

"套管法"桩头无损破除施工工艺

本工艺要点：

水下灌注桩施工，通过在桩头钢筋上安装套管，形成钢筋与混凝土隔离层，桩头破除时保护了桩头钢筋，减轻了劳动强度，加快了施工进度，减少了环境污染。

一、实施背景

常规桩头破除施工时使用风镐剥离桩头钢筋保护层全部混凝土，劳动强度大，施工效率低，混凝土碎渣多，施工作业时间长，桩头破除产生的粉尘污染和施工噪声对周边环境影响大且易损伤桩头钢筋。

通过采用"套管法"桩头无损破除施工工艺进行施工，可以有效提高桩头破除质量，减轻工人劳动强度，加快施工进度。

二、适用范围

适用于水下灌注桩施工。

三、工艺简述

本工艺是将套管套在桩基钢筋笼桩头部位主筋上，起到隔离主筋和混凝土的作用。破桩时将桩头与桩身分离后，利用起重设备吊出桩头。对破除的桩头采用垂直提拎方式，类似于提蜂窝煤。具体施工工艺流程如图 2-27 所示。

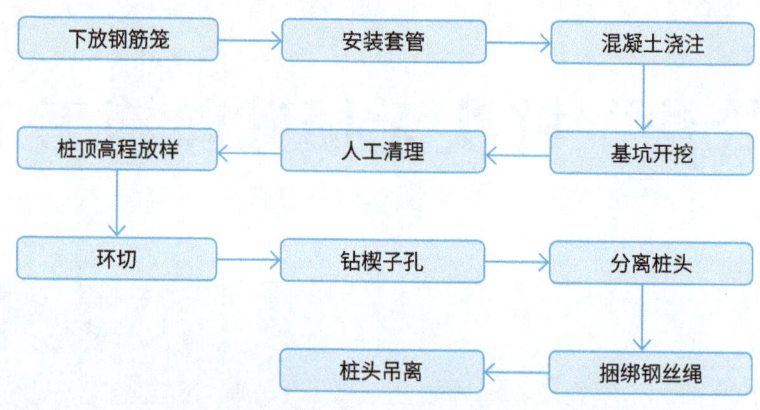

图 2-27 “套管法”桩头无损破除施工工艺流程

四、实施过程控制

1. 材料控制

橡塑海绵管是弹性闭孔材料，具有柔软、耐曲绕、耐寒、耐热、阻燃、防水等性能，以及一定的抗压强度(图2-28)。施工时采用橡塑海绵管套在桩头钢筋上，套管内径同桩基主筋直径一致，壁厚 9mm。

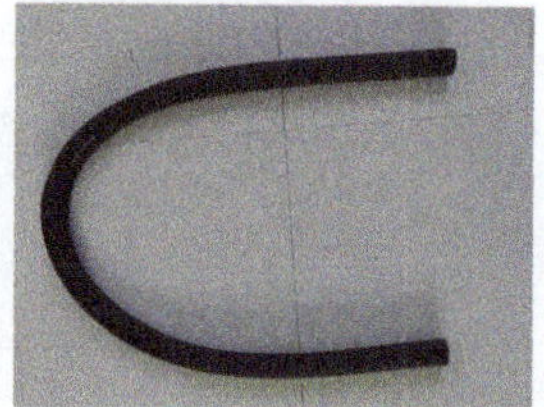

图 2-28 橡塑海绵管

2. 套管安装

在钢筋笼下放完成前安装套管，在桩顶高程 12cm 以上的所有钢筋上安装套管，桩头钢筋必须顺直，且无接头。为防止混凝土进入套管并保证套管不发生移动，使用扎带将套管顶端和底端扎紧（图 2-29）。

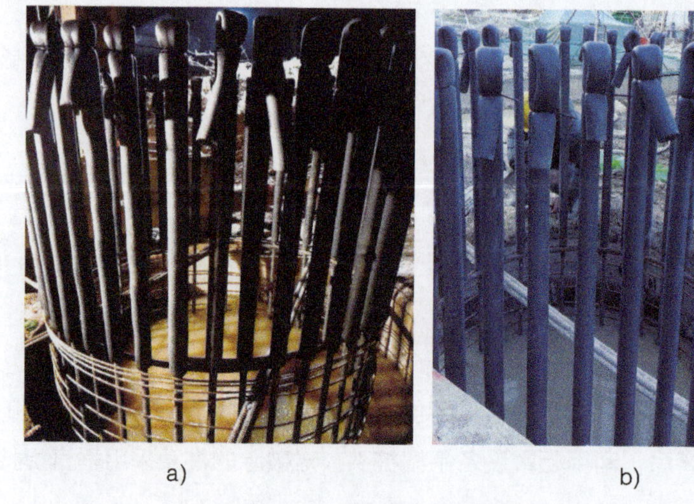

a)　　b)

图 2-29 套管安装

3. 钢筋笼就位

在套管安装完成后继续下放钢筋笼至设计高程并进行对中定位，钢筋笼下放时必须垂直缓慢下放，不得碰撞孔壁，损伤套管（图 2–30）。

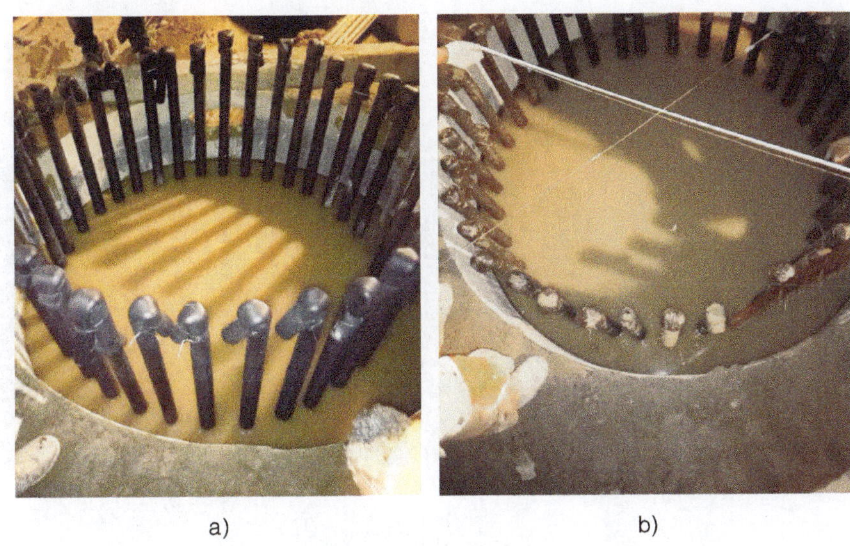

a) b)

图 2–30 钢筋笼就位

4. 混凝土浇注

在钢筋笼就位报验完成后，进行混凝土浇注，浇注过程中及浇注完成拔除导管时不得碰触损伤套管（图 2–31）。

a) b)

图 2–31 混凝土浇注

5. 基坑开挖

在混凝土达到设计强度的 80% 后进行基坑开挖，开挖过程中，安排专人指挥，不得碰触桩头。开挖完成后在基坑四周设置安全防护网及安全标志（图 2–32）。

a) b)

图 2–32 基坑开挖及防护

6. 桩头破除

（1）浮土清理

在基坑开挖完成后，人工清理桩头周围浮土（图 2–33）。

图 2–33 桩头浮土清理

（2）环切线放样

施工人员放样出桩顶高程 120cm 附近的位置点，并沿桩周画出环形线，作为环切基准线（图 2–34）。

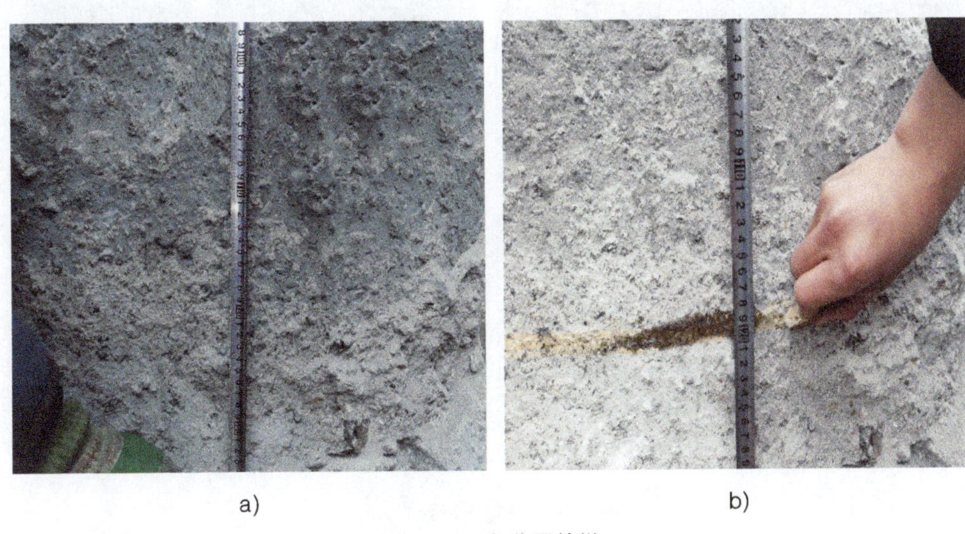

a)　　b)

图 2–34　环切位置放样

（3）环切作业

施工人员根据环切线使用无齿锯进行环切作业（图 2–35）。

a)　　b)

图 2–35　环切施工

（4）混凝土环剥

环切完成后将两环切线之间的混凝土凿除剥离，凿除深度以露出套管为准（图 2–36）。

a) b)

图 2-36 混凝土凿除

（5）分离桩头与桩身

采用小型钻孔设备，在凹槽面垂直桩身方向钻 4 个孔，钻孔深度达到桩径的 1/5，形成截桩薄弱面。将楔子插入钻孔中，并采用铁锤进行敲击，分离桩头与桩身（图 2–37）。

（6）桩头吊离

在桩头部位挂好钢丝绳，用起重机垂直起吊，将桩头混凝土整体吊出基坑，放置在指定位置（图 2–38）。钢丝绳挂设时要牢固，与起重机吊钩直接相连的钢丝绳必须沿桩基轴线挂设。

图 2–37 钻孔、分离桩头

a) b)

图 2–38 桩头吊离

五、实施成果

（1）桩头钢筋上安装套管，桩头破除时未损伤桩基钢筋，保证了工程质量（图 2–39）。

图 2–39 “套管法”桩头破除后外观

（2）采用传统工艺破除一个桩头所需人工为 2 人 × 6h，采用“套管法”桩头无损破除工艺破除一个桩头所需人工为 2 人 × 3h，节省一半人工，使施工进度有了明显提升，在减轻工人劳动强度的同时提高了工作效率。

（3）与传统工艺相比，采用本工艺混凝土剥离量少，产生的混凝土碎片极少，降低了安全隐患，减少了基坑清理的工作量；同时，采用本工艺减少了传统人工破除桩头时产生的粉尘污染和施工噪声，有利于环境保护。

T 梁预制施工工艺

本工艺要点：

对钢筋加工厂科学布局、合理规划，钢筋采用数控设备加工、胎架绑扎，保证钢筋保护层合格率在 95% 以上；

对混凝土拌和采用智能监控系统，实现手机 APP 实时监控预警，保证混凝土质量；

采用智能张拉、压浆系统，确保梁板预应力张拉和压浆质量；

对养护采用自动喷淋循环系统，保证混凝土强度，外观色泽均匀；

采用二维码身份识别，实现可追溯信息化管理。

一、实施背景

传统意义上的钢筋绑扎，钢筋的间距、保护层等的控制很大程度上取决于工人的熟练程度，易出现不满足相关规范要求的问题。采用胎架绑扎施工工艺，可以较好保证钢筋工程的施工质量，操作简单、切实可行。

对混凝土拌和采用智能监控系统，实现手机 APP 实时监控预警，可以有效预防混凝土拌和偏差，保证混凝土质量。

采用智能张拉压浆系统，可以有效避免人工控制造成的误差，保证压浆质量和孔道浆液的密实性。

采用二维码技术和班组“6S”管理，管理更具灵活性，更加标准化。

二、适用范围

适用于各类钢筋混凝土预制。

三、工艺流程及亮点简述

1. 工艺流程

工艺流程如图 2–40 所示。

图 2–40 施工工艺流程图

2. 亮点简述

采用数控弯曲设备进行钢筋半成品加工，底腹板及顶板钢筋均采用胎架进行绑扎，有效保证了钢筋骨架线形，提高梁板保护层合格率至 95% 以上。优化模板设计，将预制梁板倒角做成圆弧状；采用磁力钻打孔，底部采用高密度橡胶条封堵防止漏浆；使用高性能混凝土，在线水洗石料，用 APP 在线监控搅拌质量，达到混凝土外观质量零漏浆、零气泡、零错台、零色差；养护采用自动喷淋；张拉、压浆均采用智能张拉及智能压浆，保证混凝土强度及预应力效果。在 T 梁预制过程中，通过采用以上措施，显著提升了质量。

四、实施过程控制

1. 钢筋加工

（1）钢筋加工采用实物标准件代替钢筋大样图，通过对标准件进行控制，提高了成批钢筋加工的准确性；采用数控钢筋切断机和弯曲机为主、常规机械为辅的加工方式，以提高钢筋加工的精度（图 2-41 ~ 图 2-43）。

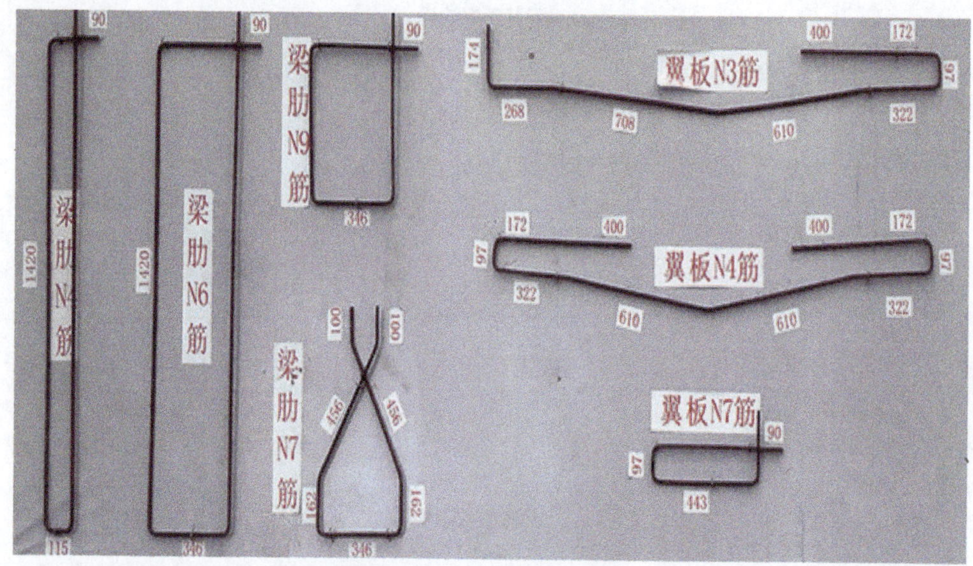

图 2-41　实物钢筋大样图

图 2-42　数控钢筋切断机精确批量下料

图 2-43　数控弯曲机

（2）采用“超市化 + 专业化”管理。钢筋半成品采用仓储式存放、货架 / 货柜式管理，做到随用随取（图 2-44）。

a)

b)

图 2-44 钢筋加工厂“超市化 + 专业化”管理

2. 钢筋骨架制作

底腹板钢筋骨架采用胎架定位整体式绑扎，通过在胎架角钢上刻槽和焊接定位支架来固定主筋的位置，确保钢筋安装的准确性和精度（图 2-45）。

3. 预应力波纹管安装

预应力波纹管严格按照设计坐标，用“井”形定位钢筋进行固定，接头处采用专用接头连接，接缝处用胶带缠裹牢固，防止因漏浆造成波纹管堵塞。

4. 预埋钢板安装

预埋钢板进行热浸镀锌防锈处理，为防止 U 形锚筋与镀锌钢板在焊接过程中变形，将镀锌钢板加固于夹具上焊接，确保梁板架设时梁底预埋钢板与支座紧密贴合（图 2-46）。

图 2-45 底腹板钢筋胎架绑扎

a)

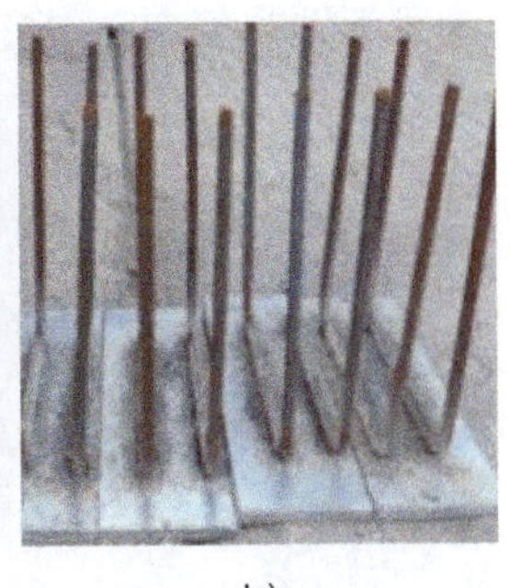

b)

图 2-46 镀锌钢板加固于夹具上焊接

5. 骨架整体吊装

钢筋骨架采用起重吊架整体吊装，起重吊架吊点的间距不大于 1.5m，防止吊装过程中钢筋骨架发生变形（图 2-47）。

6. 模板优化及安装

（1）优化模板设计，将模板倒角做成圆弧状，确保梁板在拆模过程中无掉角现象发生（图 2–48）。

图 2–47 钢筋骨架整体吊装

a)

b)

图 2–48 优化模板设计

（2）模板预留孔洞采用磁力钻进行钻孔，可有效防止漏浆，避免出现蜂窝、麻面、砂线等质量问题（图 2–49）。

（3）预制 T 梁台座采用高密度橡胶条代替橡胶管（图 2–50），有效防止了预制 T 梁底板漏浆，避免了“烂根”等质量缺陷，使梁板外观质量达到了零漏浆、零气泡、零错台、零色差的要求。

（4）模板采用专用的脱模剂，有效地消除了梁体气泡。

（5）端模安装采用双面胶带将端模与侧模处的模板缝密贴（图 2–51），防止漏浆，梁体两端的预埋筋和预应力波纹管由预留孔洞精确定位。

图 2–49 磁力钻钻孔

图 2–50 台座高密度橡胶条

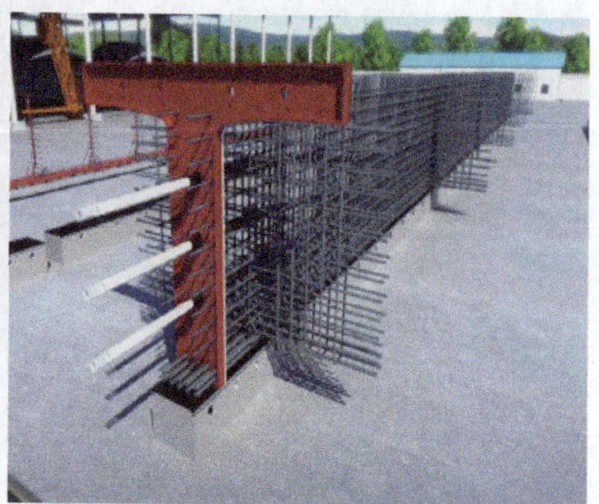

图 2–51 端模安装

7. 顶板钢筋骨架绑扎及安装

（1）顶板钢筋骨架采用胎架整体绑扎制作（图 2–52），并通过 T 梁梳齿板准确定位顶板钢筋位置，根据顶板钢筋的外露长度在胎架外侧增设定位角钢（图 2–53），确保翼缘板外露钢筋整齐一致。

（2）顶板钢筋安装完成后，采用自制定位胎架对剪力筋进行焊接，确保顶板剪力筋高度、位置准确，同时在已完成的剪力筋顶面增加临时固结，防止混凝土浇注过程中剪力筋歪曲或下沉（图 2–54）。

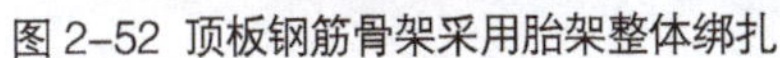

图 2–52 顶板钢筋骨架采用胎架整体绑扎

图 2–53 胎架外侧定位角钢

图 2–54 剪力筋采用自制定位胎架进行焊接

8. 混凝土工程

（1）梁板混凝土浇注前，在翼缘板上设置防护隔离措施（图 2–55），防止混凝土浇注过程中污染翼缘板，影响梁板质量。

（2）混凝土拌和站安装混凝土生产全过程监控系统，通过“三级报警系统”将短信发送至相关人员手机，以便及时进行调控处理，实现信息化管理。

（3）混凝土浇注采用“分层浇注，逐级推进”的浇注方法，即“水平分层、纵向分段”浇注（图 2–56），浇注过程中采用插入式振动棒配合附着式振动器进行振捣。

a)

b)

图 2–55 设置防护隔离措施

图 2–56 混凝土浇注

9. 养护

T 梁养护采用自动喷淋系统，养护用水通过场内排水沟流入沉淀池，达到循环利用、节能环保的效果（图 2–57）。

10. 凿毛

T 梁结合面采用手持式电动凿毛锤进行凿毛，凿毛前用墨线标识凿毛范围（图 2–58、图 2–59）。

11. 张拉、压浆

采用智能张拉设备，同时控制拉力与伸长量。压浆采用智能循环压浆真空辅助压浆系统。

12. 信息追溯

T 梁采用二维码识别技术，实现信息可追溯性管理，提高了管理水平，加强了信息化建设（图 2–60）。

a)　　　b)

图 2–57 自动喷淋系统养护

图 2–58 手持电动凿毛锤凿毛

图 2–59 凿毛效果

a)

b)

图 2–60 采用二维码识别技术对 T 梁进行信息可追溯管理

13. 现场安全管控

（1）现场设置安全文化墙，用产业工人家庭照片、亲人寄语代替传统的安全标语，营造浓厚的人文关怀和安全教育氛围（图 2-61）。

图 2-61 安全文化墙

（2）开展“安质文化进工地”活动，将安全警示标语、质量控制标准粘贴于门式起重机、钢筋胎架、钢模板上（图 2-62），时刻提醒产业工人在作业过程中安全化、规范化作业意识。

（3）以创建“平安工地”为抓手，设置安全教育讲台，开展“班前 10min 喊话”活动（图 2-63），包括 2min 劳动纪律、3min 安全交底、3min 施工要点、2min 现场安全喊话。

图 2-62 安全警示标语

图 2-63 安全教育讲台

（4）施工现场一、二、三级配电箱由项目部统一采购、统一安装，配电箱设有安全防护棚，醒目位置粘贴警示标志（图 2-64）。

（5）为防止预制 T 梁倾覆，采用 ϕ108 钢管与螺栓自制梁体支垫器，达到了既整洁、又安全的效果（图 2-65）。

图 2-64 配电箱布置情况

a)

b)

图 2-65 自制梁体支垫器

五、实施成果

采用数控设备对钢筋进行加工，使用胎架整体绑扎方法制作钢筋骨架，提高了钢筋保护层合格率；采用智能监控系统对混凝土拌和进行管理，保证了混凝土拌和质量；采用智能张拉、压浆系统，保证了梁板预应力张拉和压浆质量；采用自动喷淋循环系统进行养护，保证了混凝土强度。

“一布一喷一棚”养护工艺

本工艺要点：

“一布一喷一棚”养护工艺，使用便捷，能够起到保湿增温、节约用水的作用，对保证构件强度起到了显著作用。

一、实施背景

梁板预制施工中，采用“一布一喷一棚”的养护工艺，能够很好保证梁板养护质量，使梁板能够更快达到张拉强度，提高台座的周转率，并缩短工期。

二、适用范围

适用于各类混凝土预制构件的养护。

三、工艺简述

“一布一喷一棚”养护工艺即“土工布覆盖 + 时间继电器控制喷淋养护 + 阳光板养护棚”（工艺流程如图 2-66 所示），该养护工艺优点如下：

（1）减少水分蒸发，有效保持养护棚内较高的湿度；

（2）采用透光材料，增加养护棚内温度；

（3）水分在棚内高温下充分雾化，不易散失，单次供水量降低，间隔时间增长，棚内水分冷却后通过场内循环系统流入沉淀净化池，实现回收利用，节约用水；

（4）养护棚利用门式起重机移动，机动性强，可重复利用。

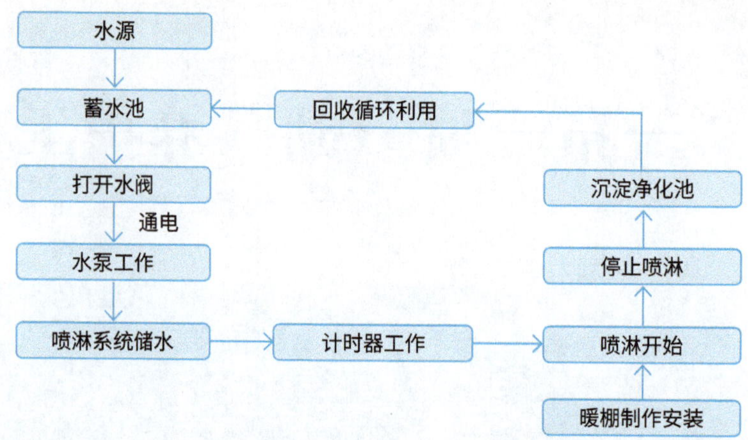

图 2-66 “一布一喷一棚”养护工艺流程

四、实施过程控制

1. 材料准备

养护工艺材料如表 2-1 所示。

“一布一喷一棚”养护工艺材料　　表 2-1

序号	设备名称	规格型号或功率	额定电压	数量	备注
1	蓄水池	50m³		1 个	
2	增压泵	5.5kW	380V	1 台	
3	交流接触器	CJT1-40	380V	1 个	
4	电子式时间继电器		220V	1 个	
5	电结点压力表	0.6MPa		1 个	控制压力
6	进水管路电磁阀		220V	1 个	
7	液位计			1 个	
8	喷雾喷头			若干	
9	PPR 主水管	ϕ63		若干	
10	PPR 支水管	ϕ25		若干	
11	水阀	ϕ25		若干	
12	土工布			若干	
13	阳光板			42㎡	随尺寸调整
14	铝合金方管			88m	每节

2. 养护系统建设

（1）场站建设时，台座内预埋水管，场地硬化时留置水沟，设置沉淀净化池，水沟连通场内沉淀净化池（图 2–67）。

（2）安装增压泵，为喷淋系统提供压力。

（3）安装时间继电器控制增压泵，设置喷淋时间。

（4）模板拆除后，在梁板两侧安装喷淋管道并与台座下的主管接口连接，喷淋管道设置如图 2–68 所示。

（5）养护棚制作与吊装。

图 2–67 台座预埋水管

图 2–68 喷淋管道设置

养护棚采用不锈钢方管作为支撑骨架，顶面覆盖透光材料 PC 阳光板。养护棚利用门式起重机移动。

根据 T 梁规格设置养护棚尺寸，以 13mT 梁和 16mT 梁为例：13mT 梁的每个养护棚分为两段，每段长 7m，宽 1.95m，高 2m；16mT 梁的每个养护棚分为 3 段，长度为 6m+5m+6m，宽 2m，高 2.5m。

在有养护水龙头节段一端留一个小门，一般情况下小门保持关闭状态，只在人员进入查看养护状态时开启。用铝合金方管和钢筋制作养护棚骨架，使其具有一定刚度，能够承受反复吊装利用而不变形。在骨架外表面覆盖阳光板，用螺钉固定在骨架上，每片阳光板之间搭接 10cm 左右，保证养护棚的密封性。养护棚顶部设置两个吊点，吊点与骨架牢固焊接，梁体养护时用门式起重机分别吊装就位，罩住整个梁体（图 2–69、图 2–70）。

图 2-69 养护棚

图 2-70 养护棚安装

3. 养护系统的运转

首先打开自动控制系统总电源开关，设定控制系统喷淋循环的总持续时间和间隔等待时间。打开喷淋台座水阀开关，根据天气、温度情况和梁板养护阶段调节喷淋时间（20 ~ 40s），开启增压泵，到时间后自动停止喷淋，进入间隔等待时间，间隔等待时间根据测试梁板表面水分蒸发完毕时间和总循环时间来确认。间隔等待时间过后再一次开启水泵进入新一轮循环，如此周而复始直到养护期结束。养护期满后，采用门式起重机将养护棚逐段吊装安装至下一片梁体。

五、实施成果

预制梁板采用“一布一喷一棚”养护工艺，显著提升了梁板质量、现场安全环保情况，缩短了施工工期。

（1）养护效果显著，保证了混凝土强度，使其外观色泽均匀；

（2）系统装拆方便，实现了自动化喷淋，节约人工，提高了劳动生产率；

（3）养护水循环利用，节约了资源。

浇筑台车在矮T梁预制施工中的应用

本应用要点：

矮T梁预制施工过程中，采用移动台车进行混凝土浇注作业，为作业工人提供安全可靠的工作面，并防止因直接踩踏翼板钢筋，导致钢筋变形、保护层合格率降低的现象。

一、实施背景

矮T梁顶板较窄，且分布有预埋剪力筋，工人作业范围小，踩踏在翼板钢筋上作业时，会导致翼板钢筋变形，保护层合格率降低。为改善工人作业环境，保证施工安全，防止工人踩踏翼板钢筋，导致钢筋变形，采用移动台车进行施工。混凝土浇注时，工人在平台上操作，与梁体分离，可以保证人员安全，并对顶板钢筋起到有效保护作用。

二、适用范围

适用于矮T梁混凝土浇注施工。

三、工艺简述

浇注矮T梁混凝土时，将移动台车推到浇注工作面，制动万向轮，工人在平台上实施混凝土布料、振捣及收面。

四、实施过程控制

1. 材料准备

制作一台移动台车所需机具及材料如表 2–2 所示。

移动台车制作机具材料表　　表 2-2

序 号	设备名称	规格型号或功率	数 量	备 注
1	角钢	50mm × 50mm × 4mm	240m	
2	不锈钢钢管	外径 6mm	40m	
3	万向轮	6inch（1inch=0.0254m）	10 个	
4	电焊机		1 台	
5	钢网片	网孔 5cm	$20m^2$	

2. 移动台车制作

移动台车骨架由角钢焊制而成，下设有制动功能的万向轮，单个万向轮承重能力为 500kg，每个台车由 8 个万向轮支撑，载质量为 4t，可满足一个浇筑班组（4 人）施工时的动荷载和台车自重。

移动台车作业平台骨架由角钢焊制而成，左右两侧各设置 1m 宽度铺设钢网片供工人作业时踩踏行走，中间设置 1m 宽度为布料振捣区域。移动台车示意图如图 2–71 ~ 图 2–74 所示。

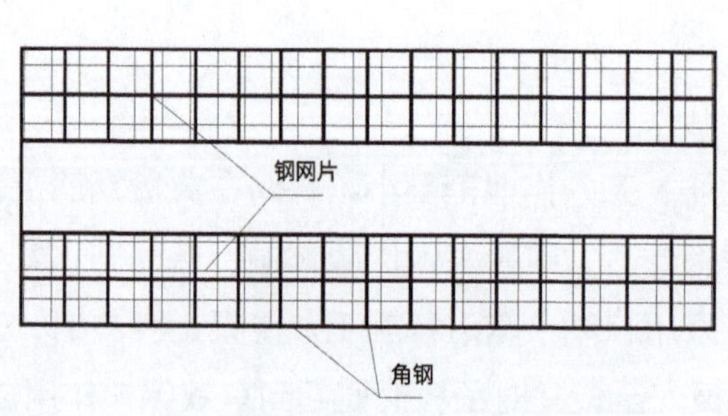

图 2–71 移动台车工作台平面示意图

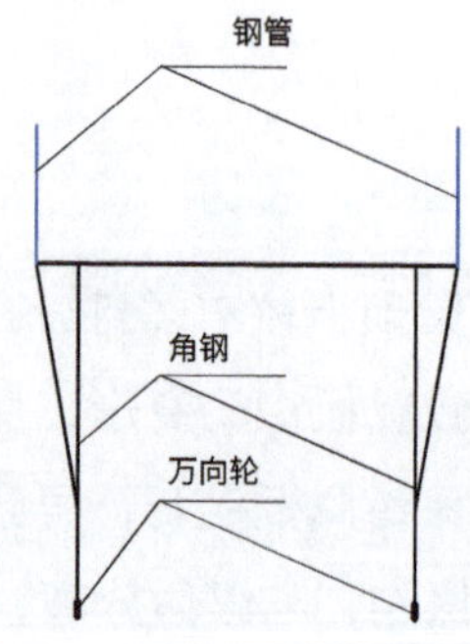

图 2–72 移动台车立面示意图

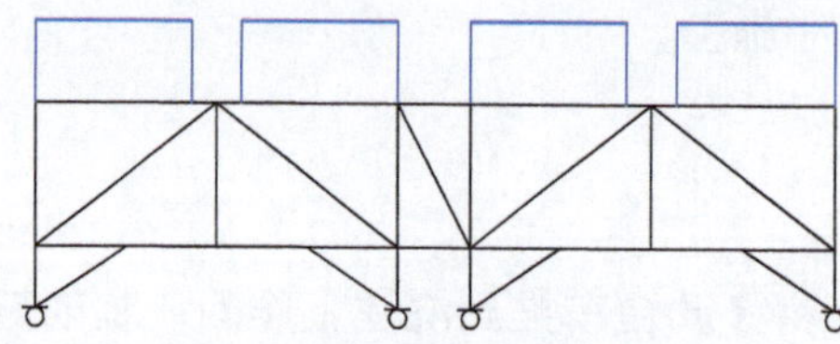

图 2–73 移动台车侧面示意图

图 2-74 移动台车

五、实施成果

在矮 T 梁预制施工中应用移动台车，为作业工人提供了安全可靠的工作面，保证了人员安全；防止了工人踩踏翼板钢筋，保证了保护层合格率。

T 梁预制冬季施工工艺

一、实施背景

高速公路建设项目中，桥梁施工进度是关系到整个项目总体计划有效推进的关键，梁板的施工是影响桥梁整体进度的关键工序。对于北方工期要求比较紧的项目，不可避免需要进行桥梁冬季施工。本工艺通过改进养护系统，在保证绿色、节能、环保的要求下，可以有效提高梁板的预制质量和进度。

二、适用范围

适用于各类混凝土构件的冬季施工。

三、工艺流程及要点

1. 工艺流程

T 梁预制冬季施工工艺流程如图 2-75 所示。

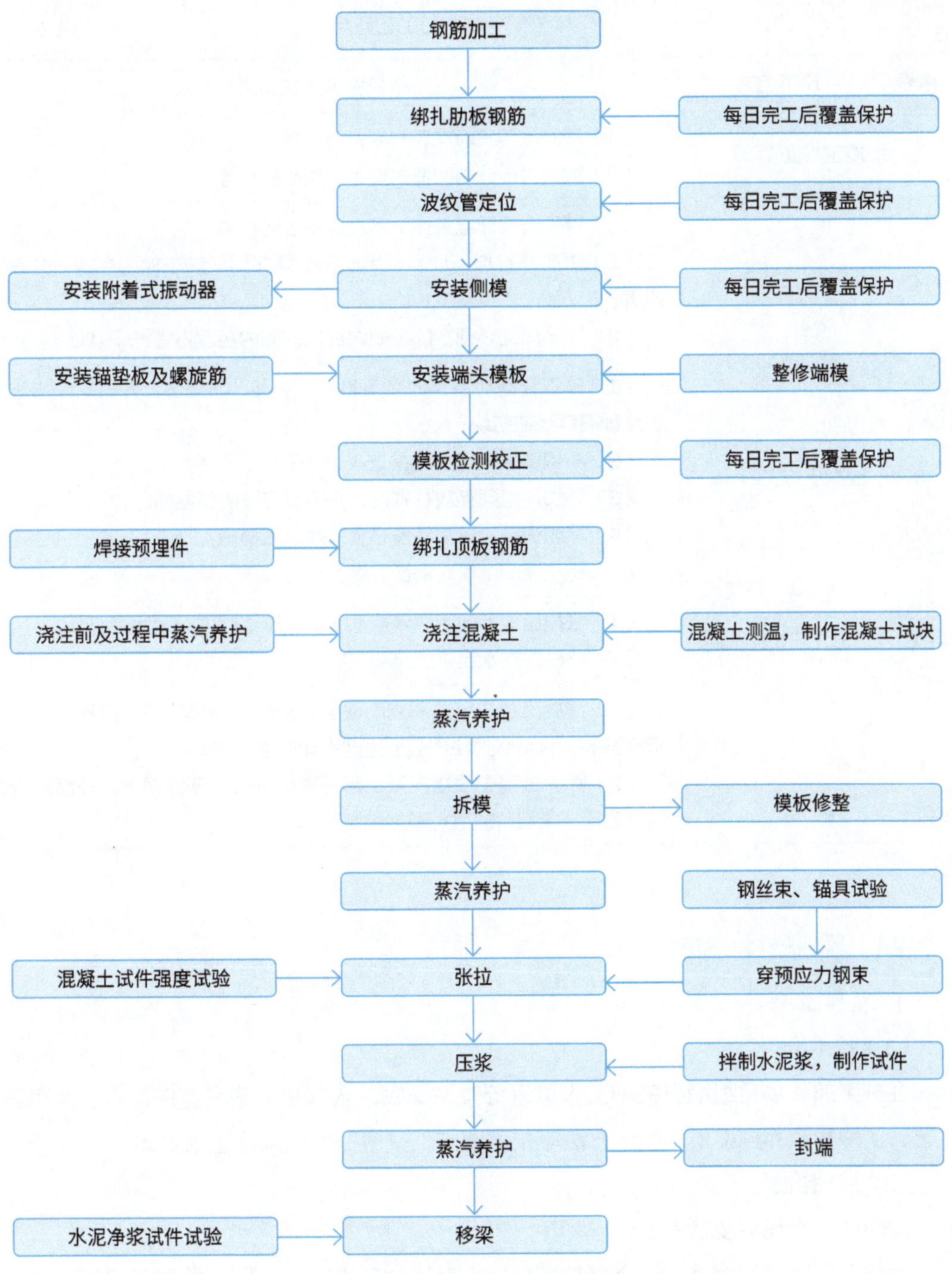

图 2–75 T 梁预制冬季施工工艺流程图

2. 工艺亮点

T 梁预制冬季施工工艺亮点如表 2–3 所示。

T梁预制冬季施工工艺亮点　　表 2-3

序号	施工工艺	冬季施工工艺亮点
1	施工准备	（1）严格执行三级交底制度； （2）根据生产计划配备养护棚、燃油锅炉等
2	钢筋加工及安装	（1）首先进行低温条件下钢筋焊接工艺试验； （2）钢筋原材料、成品、半成品必须在钢筋加工棚内存放，并设置标牌； （3）钢筋加工必须在加工棚内进行，棚内温度不得低于 0℃
3	混凝土施工	（1）砂石料原材料存放必须防风、防潮、防雨雪，并有防冻措施，防止砂石料受冻结块； （2）拌和用水保证水温在 35℃左右； （3）外加剂必须存放在室内，并采取有效的保温措施； （4）拌和设备、运输设备必须采取保温措施； （5）浇注混凝土前对钢筋、模板进行预热
4	预应力张拉、压浆	（1）张拉压浆期间蒸汽养护不间断，压浆前应对梁体进行预热； （2）严格控制水泥浆的拌和温度
5	养护	（1）混凝土浇注完成后立即覆盖养护棚，带模养护，拆模后继续通蒸汽养护，直至张拉注浆强度达到设计要求； （2）养护过程中严格按照混凝土静停阶段（预养期）、升温阶段、恒温阶段、降温阶段进行温度控制

四、实施过程控制

1. 准备工作

（1）技术准备

在施工前，项目组织有关施工人员进行技术交底，认真学习蒸汽养护技术、蒸汽养护工艺，了解蒸汽养护设备、测试方法等技术要点，交底覆盖全部施工人员。

（2）物资准备

①燃油蒸汽锅炉及管道

为确保蒸汽养护效果，每个养护棚配置一台燃油蒸汽锅炉，锅炉放置于梁板一端，产生的蒸汽通过梁板两侧管道进行输送。每片梁布设 2 根管道，管道与梁板要保证 0.8m 左右的距离，管道上每 0.5~1.0m 设一个直径为 2.0~2.5mm 排气孔，排气孔按斜向上 45°方向设置，排气孔直径自进气口至管道末端逐渐增大，使沿长度方向的排气量均匀，保证蒸汽养护质量（图 2-76）。

a)

b)

图 2-76 蒸汽养护设备

②养护棚

养护棚采用 4cm×6cm 方钢骨架和防水棉被搭设组成，棉被与骨架之间用铁丝扣结固定。养护棚每 6 ~ 7m 设置一个节段，每节段两端预留 30cm 搭接长度便于节段间重叠密封。养护棚的一端封闭，另一端预留门洞。养护棚内部设置温度计和湿度计，棚内温、湿度计数量至少各 6 个，两侧至少各 3 个，具体数量根据现场实际情况确定（图 2-77）。每个养护棚外部还配备“养护四件套”即温度计和湿度计、梁体养护信息牌、温度记录表、灭火器。

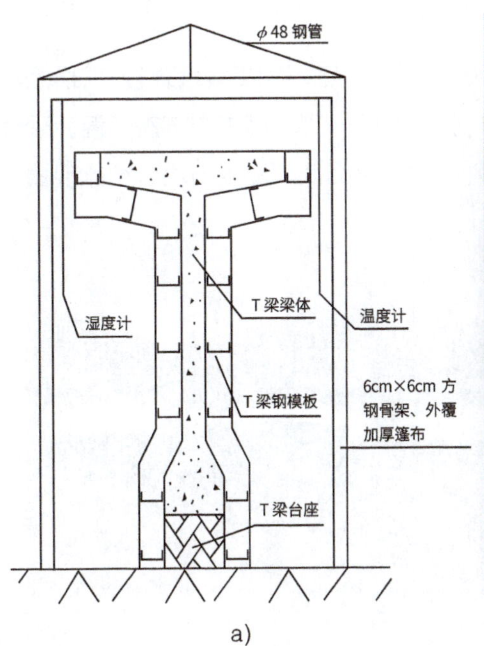

a)

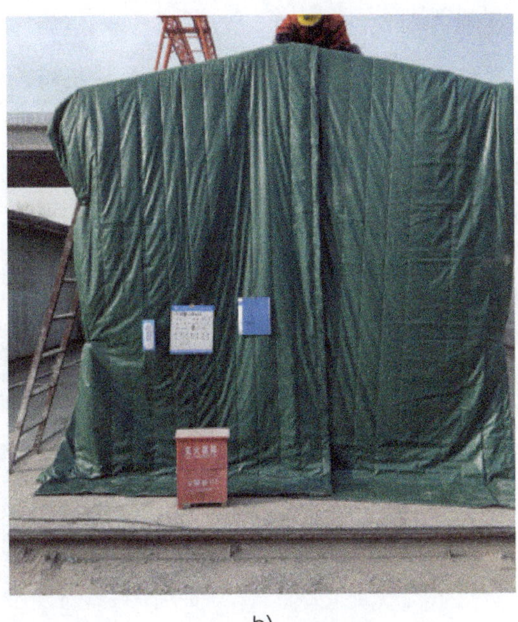
b)

图 2-77 蒸汽养护棚

2. 钢筋加工及安装

（1）钢筋原材料、成品、半成品必须在封闭的钢筋加工棚内集中存放（图 2–78）。

图 2–78 钢筋原材料、成品、半成品集中存放

（2）钢筋加工和焊接必须在钢筋加工棚内进行，并首先进行低温条件下钢筋焊接工艺试验，钢筋焊接试验抽检频率应比正常施工增加一倍。

3. 混凝土施工

（1）混凝土原材料控制

①砂石料

冬季施工前，物资部应提前储存砂石料，对 11 月份以后进场的砂石料，严格控制其含水率。砂石料必须采取覆盖保温措施，采用一层苫布或一层军用帆布苫盖保温。砂仓采用棚内增设小型保温仓的方式保温，保证原材料不因气温降低而发生团块、结冰现象（图 2–79）。

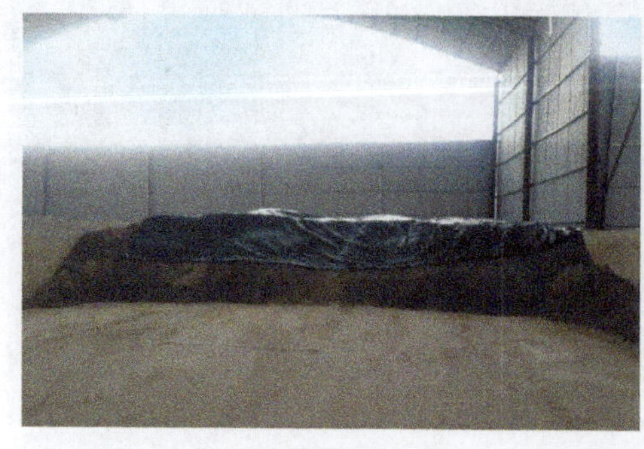

a)

b)

图 2–79 砂石料保温

②外加剂

外加剂储存罐采取覆盖防水棉被保温措施，必要时在棉被内侧包裹电热毯进行加热，防止外加剂由于温度过低而结晶（图 2–80）。

a)　　b)

图 2–80 外加剂保温

③拌和用水

混凝土拌和用水和清洗碎石用水采取蒸汽加热、覆盖保温措施，保证拌和用水温度在 35℃左右。蓄水池底部根据现场实际情况布置数排镀锌钢管，钢管上每 30cm 设一个直径为 5mm 的排气孔，镀锌钢管端部连接燃油蒸汽锅炉，外部所有管道均采用橡塑保温材料进行包裹，蓄水池采用加厚防水材料覆盖保温，以保证蓄水池水的温度，防止热量散失及管道冻损。

（2）混凝土拌和及运输

①混凝土拌和

首先使用热水预热搅拌机，使其温度保持在 10℃左右，从而减少混凝土搅拌时的热量损失；再采取两次投料、两次搅拌措施，即先投骨料、水进行搅拌，再投水泥、外加剂进行第二次搅拌，搅拌时间较常温条件延长 50%。考虑冬季施工坍落度损失较少，可适当减少用水量，从而保证出场混凝土质量。

②混凝土运输

混凝土采用罐车运输，罐车采用棉苫布进行保温（图 2–81），罐车在装入混凝土前先用热水预热罐体，并将水放净，以保证到场混凝土质量。

（3）混凝土浇注

①钢筋、模板预热

浇注混凝土前要测量钢筋、模板温度，钢筋、模板温度应不低于 5℃，当低于 5℃时，应将钢筋、模板覆盖保温棉被并通蒸汽对钢筋、模板进行预热，待温度升高并稳定在相关规范要求时再进行浇注。浇注时只在浇注部位掀开保温棉被，剩余部位继续加热保温。

②混凝土浇注

混凝土进场后先对其进行坍落度及温度检测，要求坍落度保持在 140mm ± 20mm，温度在 10℃以上，符合要求后方可进行浇注（图 2–82）。

（4）混凝土养护

①带模养护

混凝土浇注完成后，根据现场实际情况，要立即安装养护棚，选择适宜材质的养护棚进行蒸汽养护（图 2–83）。

图 2–81 混凝土罐车保温

图 2–82 进场混凝土浇注前测温度

图 2–83 混凝土浇注完成后准备带模养护

②模板拆除

在混凝土达到拆模允许强度后，分节段拆除养护棚，并拆除对应模板。模板吊离后立即恢复养护棚，并及时通蒸汽养护。待模板全部拆除后，检查养护棚的密闭性，保证棚内温度为 25 ~ 30℃，直至混凝土达到 T 梁设计强度的 90% 时方可拆除。

③温度监测及记录

混凝土蒸汽养护分为混凝土静停阶段（预养期）、升温阶段、恒温阶段、降温阶段共四个阶段。须制定严格的温度检测体系，安排现场技术人员做好温度监控及记录工作，升温和降温过程要每 1h 查温一次并做好记录，同时注意调整蒸汽量，保证升温和降温过程温度变化符合相关规范要求；恒温阶段每 2h 查温一次并做好记录，做到冬季施工的梁板养护温度信息可追溯。

a. 混凝土静停阶段（预养期）

此阶段是混凝土自浇注完成至开始供给蒸汽的时间间隔阶段，时间一般为 0 ~ 2h，这一阶段主要是使混凝土形成一定强度，以增强混凝土对升温阶段结构破坏作用的抵抗力，避免蒸汽养护时构件表面出现裂缝和疏松现象。

b. 升温阶段

升温阶段是从通入蒸汽使蒸汽养护棚自升温达到恒温的阶段，一般以 5℃ /h 的速度连续、均匀升温，直至蒸汽养护棚内温度达到 25 ~ 30℃，此阶段主要通过控制燃油蒸汽锅炉的供气量来控制温度的变化。

c. 恒温阶段

恒温阶段指蒸汽养护棚经过升温阶段达到 25 ~ 30℃后，维持恒定温度的养护时间。此阶段养护时间在 36h 以上。

d. 降温阶段

降温阶段是减少供给蒸汽到揭开养护覆盖物的阶段，降温速度一般控制在 3℃ /h，并直至棚内外温差不大于 5℃时，方可掀棚，此阶段主要通过控制燃油锅炉的供气量来控制温度的变化。

（5）预应力张拉

梁体达到张拉强度要求后，方可进行张拉施工。张拉施工安排在白天进行。考虑到温度对液压油的影响，在冬季施工期间，需要对张拉设备重新进行校验，张拉完成后及时封闭养护棚并向棚内通蒸汽，为后续压浆做准备（图 2–84）。

（6）预应力孔道压浆

孔道压浆前棚内温度应保持在 10℃以上，当张拉压浆不连续时，应对梁体进行预热，保证养护棚内温度在 10℃以上，静置 2h 后方可进行压浆，压浆料由 40 ~ 50℃的温水拌制，压浆机拌和筒采用保温棉被进行包裹，以保证压浆浆液的拌和温度不低于 10℃。

（7）移梁

压浆完成后应继续采用养护棚覆盖并进行蒸汽养护，试件达到规定强度后方可拆除养护棚，进行移梁吊运（图 2–85、图 2–86）。

图 2–84 预应力张拉

图 2–85 试件强度测试

图 2–86 移梁

五、实施成果

（1）“一棚一锅炉”的养护方式，满足绿色、节能、环保的要求，各个养护阶段的温度、湿度控制更为灵活机动，实时调整了蒸汽锅炉的燃烧效率，减少了燃油消耗，降低了冬季施工成本。

（2）通过蒸汽养护大大提高了预制台座的周转速率，加快了冬季施工进度。

支座垫石施工工艺

本工艺要点：

模板外侧设置定位钢筋，提高模板稳定性，保证支座垫石几何尺寸；

采用定位卡具，确保螺栓孔预埋PVC管位置精确，并提高施工效率；

采用二次水准测量，消除垫石四角高差。

一、实施背景

常规施工工艺中垫石四角高差误差较大，支座安装前需进行二次处理；支座螺栓预留孔偏差大。通过精细化管理及工艺微改进，可以提高垫石施工标准及施工工效，提升垫石整体质量。

二、适用范围

适用于桥梁支座垫石施工。

三、工艺流程

支座垫石施工工艺如图2-87所示。

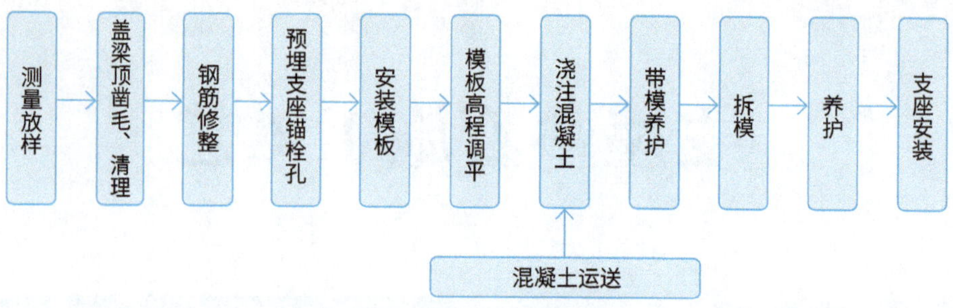

图 2–87 施工工艺流程图

四、实施过程控制

1. 测量放样

用全站仪测出每排墩位支座垫石四个角点，定出每个垫石的模板位置，用水准仪测量出垫石高程。

2. 盖梁顶凿毛

用凿毛锤对盖梁顶支座垫石位置混凝土进行凿毛（图 2–88）。

a)

b)

图 2–88 盖梁顶凿毛

将混凝土屑清理干净后用空压机将垫石钢筋内的杂物清理干净。

3. 钢筋安装

按照垫石基准线进行钢筋绑扎，并与盖梁内垫石预埋筋连接牢固（图 2–89）。

4. 预埋锚栓孔

桥梁伸缩端垫石，根据锚栓孔位置预埋锚栓孔（图 2–90），采用定位卡具，确保锚栓孔中心及对角线位置偏差不超过 10mm。卡具采用钢板制作，轻便易用。该方法确保了锚栓孔位置精准，提高了施工效率。

5. 模板安装

在支座垫石模板外侧设置定位卡具（图 2–91），防止浇注过程中发生跑模现象，精准控制垫石几何尺寸。

6. 二次测量

在混凝土收面过程中进行二次水准测量，消除支座垫石四角高差。

7. 养护

混凝土浇注完成后，采用土工布湿覆盖滴灌养护。

8. 拆模、养护

待混凝土强度达到约 2.5MPa 后，拆除模板。先拆除顶部钢筋定位架，再拆除模板，严禁野蛮施工，保护边角混凝土。拆模后继续养护（图 2–92）。

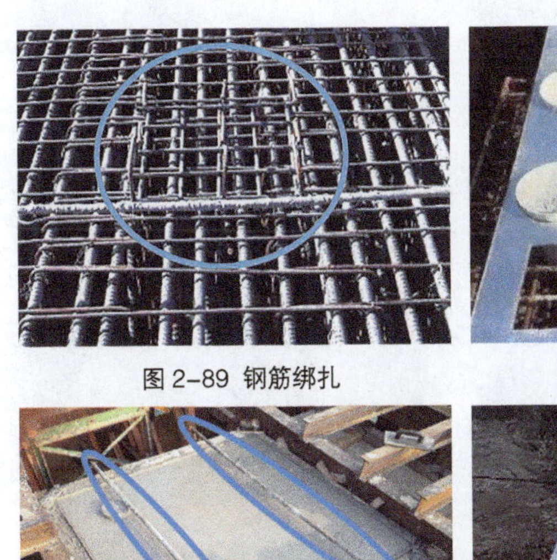

图 2–89 钢筋绑扎

图 2–90 预埋锚栓孔

图 2–91 定位卡具

图 2–92 拆模后养护

五、实施效果

（1）在支座垫石模板内侧、外侧设置定位钢筋，提高了支座垫石模板稳定性，防止了浇注过程中发生跑模现象，保证了支座垫石的几何尺寸，提高了支座垫石外观质量。

（2）根据支座螺栓孔位置定制定位卡具，减少了定位花费时间。卡具轻便易用，大大提高了垫石施工效率。

（3）采用二次水准测量控制高程，消除了支座垫石四角高差，保证了支座水平受力均匀，消除了质量隐患。

现浇箱梁满堂支架法施工工艺

本工艺要点：

施工过程中通过精细化管理，使整体质量得到大幅提升。

一、实施背景

随着社会经济的快速发展，桥梁建设日新月异。高架桥、上跨桥梁是桥梁施工中常见桥型，其上部结构大多采用现浇箱梁的结构形式，支架法现浇箱梁是现浇箱梁常用施工方法之一。施工过程中通过精细化管理，可以使工程质量大幅提升。

二、适用范围

适用于位于地势平坦起伏不大、地基条件较好地区，墩高在 20m 以内的现浇桥跨。

三、工艺简述

1. 工艺流程

施工工艺流程如图 2-93 所示。

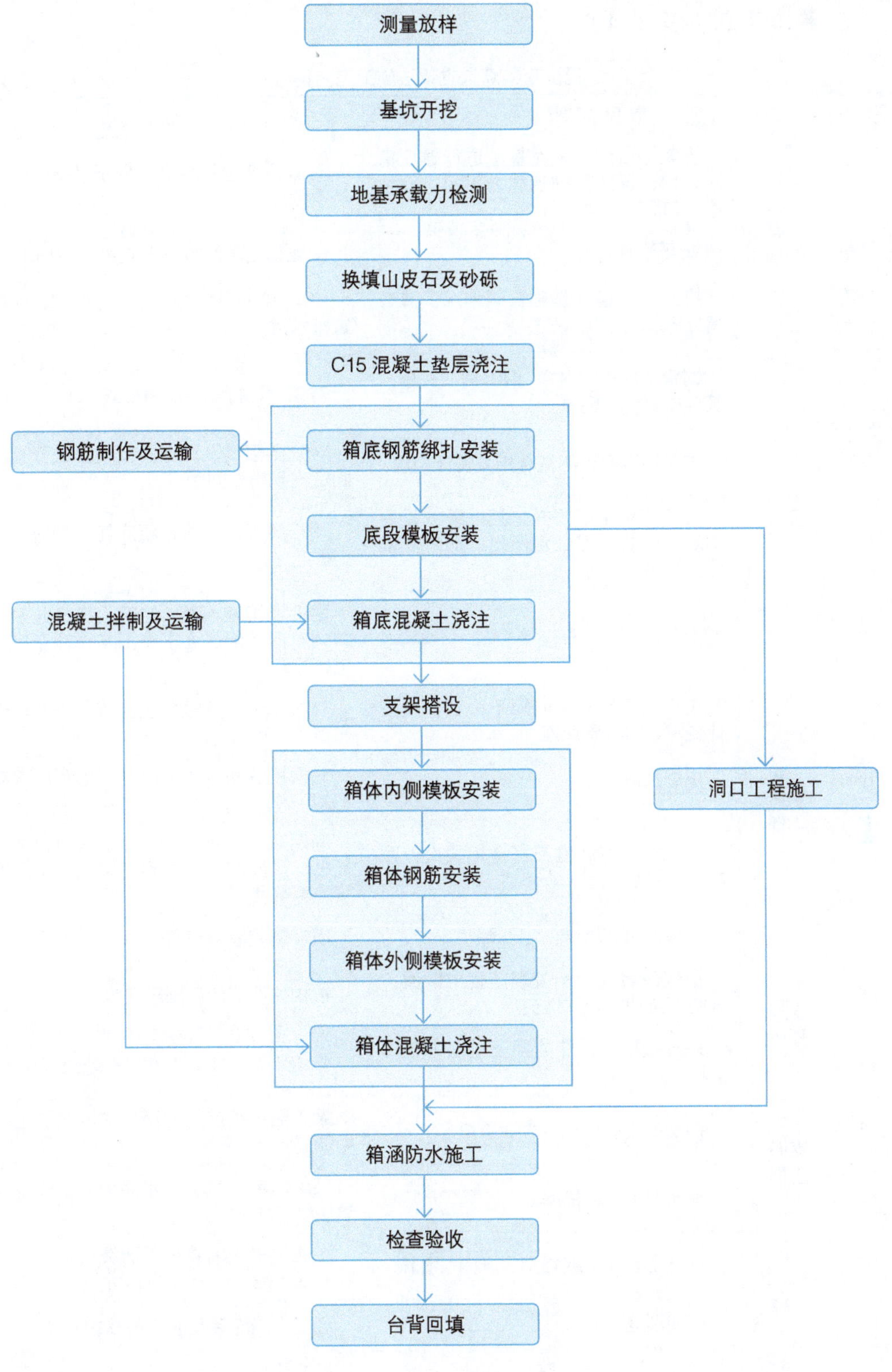

图 2-93 施工工艺流程图

2. 施工亮点（表 2–4）

现浇箱梁满堂支架法施工工艺亮点　　表 2-4

序号	常见问题		采取措施
1	地基处理	支架搭设前，未对基础进行碾压密实处理，导致基础承载力不足，发生不均匀沉降现象	对原地表进行整平、碾压平整，检测地基承载力
2		处理范围不足	使地基处理范围宽出支架外 50cm
3		排水不畅通，基础长期泡水，造成基础承载力不足	浇注 10cm 厚 C20 混凝土垫层，两侧设置排水沟
4	支架搭设	钢管架周转次数多，钢管锈蚀严重，甚至出现破损现象	对钢管进行逐根质量检查
5		支架搭设间距不符合相关设计要求	对支架强度、稳定性及刚度进行验算，确定支架搭设间距
6		支架底部未设底托、扫地杆或设置不规范，剪刀撑数量不足，造成支架整体失稳	按相关规范要求设置底托、扫地杆、剪刀撑
7		上下碗扣与横杆连接松散，不牢固	由现场管理人员、监理人员及业主人员共同对钢管架、上下碗扣与横杆连接情况进行检查
8	模板工程	主、次楞尺寸和间距不符合相关设计要求、木材质量差	对方木进行逐根质量检查，按要求进行布置
9		模板质量差	对模板逐块检查，控制模板利用次数在 3 次以内
10		模板纵、横坡度不符合相关设计要求，平整度差	利用 U 形可调托撑、水准仪测量调整模板纵、横坡坡度，再利用拉绳调整模板连接的平整度
11		模板连接有缝隙，出现漏浆	用玻璃胶堵塞严密
12	支架预压	预压荷载未按相关规范要求取值，未能完全消除非弹性变形	按相关规范计算预压荷载
13		未分级预压，造成预压过程中整体失稳	分 40%、70%、120% 三级预压
14	钢筋工程	钢筋加工不规范，表面质量差	采用数控钢筋弯曲设备在钢筋加工厂集中加工
15		钢筋保护层合格率差	采用指定厂家生产水泥垫块，按要求将垫块绑扎牢固
16	混凝土工程	混凝土表面出现蜂窝、麻面、孔洞	浇注混凝土前将模板清洗干净，严格控制混凝土配合比及振捣时间
17		出现裂缝	混凝土浇注后及时覆盖养护
18	预应力张拉	波纹管定位不满足相关规范	根据测量数据和施工图纸按竖、平坐标进行放样精确定位

四、实施过程控制及实施效果

1. 地基处理

现场检测地基承载力并进行验算，在地基承载力符合相关要求后对原地表进行场地平整、场地硬化处理（图 2–94、图 2–95）。

浇注混凝土垫层，两侧设置排水沟，确保地基范围内不积水，防止地基积水软化造成支架下沉，使地基处理范围宽出支架范围 50cm。

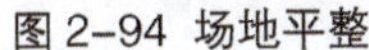

图 2–94 场地平整

图 2–95 场地硬化

2. 支架搭设

材料选定：采用碗扣式钢管满堂支架。

对支架强度、稳定性及刚度进行验算后确定支架布置：设定支架立杆步距为 120cm，其沿纵桥向间距为 90cm，实腹板沿横桥向间距为 30cm、空腹板沿横桥向间距为 90cm、翼缘板沿横桥向间距为 90cm。

按要求设置扫地杆（距地面 20cm），剪刀撑（按宽度 6 ~ 8m 水平、竖直设置），有效防止支架失稳（图 2–96）。

支架搭设完成后，现场管理人员对钢管架、上下碗扣与横杆连接进行排查（图 2–97），确保钢管无破损、碗扣连接牢固。

图 2–96 剪刀撑、扫地杆布设

图 2–97 碗扣与横杆连接排查

3. 铺设底模

主楞采用 10cm × 10cm 方木，间距与支架顶托相同，纵向铺设；次楞采用 8cm × 8cm 方木，按间距 20cm 横向铺设（图 2–98）。

底模、侧模采用 15mm 厚竹胶板，芯模采用防水木模板，模板利用次数控制在 3 次以内，破损模板应立即更换，以确保混凝土外观质量满足相关规范要求。顶板人行通道预留孔位置避开纵向预应力孔道，面积不超过 1m^2，同时按相关设计要求设置通气孔、泄水孔（图 2–99）。

坡度、平整度调整：利用 U 形可调托撑调整模板横、纵坡。对模板拼接缝，用玻璃胶进行堵塞严密，以防混凝土浇注时出现漏浆。

图 2–98 主、次楞搭设

图 2–99 底模安装

4. 支架预压

底模安装完成后，利用沙袋堆载对支架进行预压，计算预压荷载（梁体质量、钢管支架质量、模板质量之和的 1.2 倍）；分 40%、70%、120% 三级预压。观测点布设：在箱梁的墩顶横梁处（即 L/1 断面）、L/4、L/2、3/4L 断面设置观测点，每个断面在桥梁中线、横向左右侧底板边缘布设 3 个测点，观测点的布设应上下对应（图 2–100、图 2–101）。

图 2–100 沙袋称重

图 2–101 预压

沉降观测频率：①每级荷载添加前观测一次；②每级荷载添加完毕后观测一次；③每天观测一次；④卸载前观测一次；⑤卸载后观测一次（图 2–102、图 2–103）。

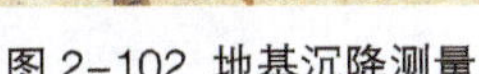

图 2–102 地基沉降测量

图 2–103 支架检查

支架弹塑性压缩值计算：

支架塑性变形 $\Delta L_{塑}$ = 预压前高程 – 预压后高程 – 弹性回弹值；

支架弹性变形 $\Delta L_{弹}$ = 卸载后底模高程 – 卸载前底模高程。

底板高程调整及验收：根据计算的弹性沉降量和非弹性沉降量数据，通过 U 形可调托撑调整底板高程，调整预拱度进而确定底模安装高程。

5. 底、腹板钢筋绑扎

钢筋骨架在钢筋加工厂集中加工，现场安装成型。钢筋安装顺序：先安装底板和腹板，然后将内模组合拼装固定，最后安装顶板钢筋（图 2–104、图 2–105）。

钢筋保护层采用水泥垫块，垫块数量为侧面每平方米 5 个，底面每平方米 6 个，呈梅花形布置。

图 2–104 底板钢筋绑扎

图 2–105 腹板钢筋绑扎

6. 内模安装

为方便模板拆除和安装，减小模板质量，本工艺内模采用防水木模板。模板的各接缝处采用 5mm 双面止浆条，防止混凝土浇注过程中出现漏浆现象。

7. 底、腹板混凝土浇注

混凝土浇注前，对模板表面进行清洗。

混凝土在拌和站内集中拌制，提前计算好混凝土方量，严格控制坍落度，确保混凝土质量合格。做好车辆调配，保证混凝土运输便道通畅，确保混凝土供应连续。

混凝土浇注前，对模板、钢筋、波纹管、锚垫板、预埋件等各个部位进行全面检查。混凝土浇注执行二次浇筑工艺，即第一次浇注底板和腹板，浇注至翼缘板和腹板结合处高程下 10mm 位置；第二次浇注顶板混凝土。浇注混凝土时，从跨中向墩顶方向浇注，采用水平分段、斜向分层的方法，然后浇注墩顶两侧各 3.0m 左右范围内的混凝土（图 2–106）。

严格控制混凝土振捣质量，振捣延续时间为 20 ~ 30s，振捣密实的标准为：混凝土表面停止下沉，无气泡冒出，表面平坦并泛浆（图 2–107）。

图 2–106 底、腹板混凝土浇注

图 2–107 振捣施工

8. 模板安装

模板按 1.2m 间距用肋木及拉筋进行加固，并严格控制各梁段断面尺寸。

9. 顶板钢筋绑扎

模板安装完毕后进行清理，然后进行顶板钢筋绑扎，绑扎要求与底、腹板钢筋绑扎要求相同（图 2–108、图 2–109）。

10. 顶板混凝土浇注

现浇梁顶面采用插入式振捣棒配合平板振动器振捣密实，随后进行二次收浆，终凝前不得踩踏（图 2–110、图 2–111）。

图 2-108 顶板浇注前模板清洗

图 2-109 顶板钢筋绑扎

图 2-110 顶板混凝土浇注

图 2-111 二次收浆

11. 混凝土养护

顶板混凝土浇注完成后，及时用土工布覆盖洒水保湿养护至少 7 天。

12. 预应力张拉

预应力管道根据施工图纸按竖、平坐标进行放样精确定位，并以井形定位钢筋定位，定位钢筋与主体钢筋焊接，纵向预应力管道定位钢筋网在直线段的间距不大于 80cm，曲线段间距不大于 40cm，以确保浇注混凝土时管道不上浮、不移位。在管道钢束曲线的最高处设排气孔（图 2-112、图 2-113）。

箱梁混凝土强度和弹性模量达到设计强度的 85%，且混凝土龄期大于 7 天后，进行预应力张拉。预应力张拉施力程序按照相关设计要求进行，预应力钢束张拉施力程序为：0→初应力（10%σ_{con}）→应力（20%σ_{con}）→应力（50%σ_{con}）→ σ_{con}（持荷 5min 锚固）（σ_{con} 为张拉时的控制应力）。

图 2-112 定位钢筋

图 2-113 管道排气孔设置

13. 智能压浆

预应力筋张拉锚固后，及时进行压浆，确保在 48h 内完成。孔道压浆采用智能压浆机和专用压浆料（图 2-114），压浆要饱满，水泥浆水灰比为 0.28。

压浆的压强设置为 0.5 ~ 0.6MPa。压浆的充盈度应达到孔道另一端饱满且排气孔排出与规定流动度相同的水泥浆为止（图 2-115）。关闭出浆口后，保持一个不小于 0.5MPa 的稳压期，该稳压期的保持时间为 5min。

压浆时，每一工作班组制作留取 3 组试件，标准养护 28 天，检查其抗压强度并将其作为质量评定的依据。

图 2-114 智能压浆机压浆

图 2-115 排气孔排出水泥浆

14. 支架拆除

支架在预应力张拉完毕、压浆强度达到相关标准的 90% 后进行拆除。支架的卸落应按顺序进行，卸除顺序遵循先支后拆或后支先拆的原则进行，从跨中向桥墩方向进行，纵向对称、均衡，横向同步平行。

钢波纹管涵施工工艺

本工艺要点：

管涵底部和顶部铺设防水土工布，避免渗水造成涵背沉降；
使用密封胶条和密封胶，使波纹管涵密封严密，不漏水；
采用“水密法”施工，有效保证涵背楔形部位的密实度；
洞口安装法兰盘预制管节，改观了波形洞口，使洞口线形更加圆顺、美观。

一、实施背景

钢波纹管涵施工常见质量问题有涵洞基底进水导致的基础沉降；涵洞顶路基渗水导致的涵背填土沉降；波纹管底部受力不均匀导致的波纹管变形；波纹管安装不严密导致的渗水；管涵端口不平整形成的波浪状洞口等。

为了解决上述问题，在施工工艺流程中，通过加强原材料管控和施工过程控制，可以避免或改善质量通病，达到提升施工质量的目标。

二、适用范围

适用于钢波纹管涵施工工艺控制。

三、工艺流程

钢波纹管涵施工工艺常规流程如图 2–116 所示。

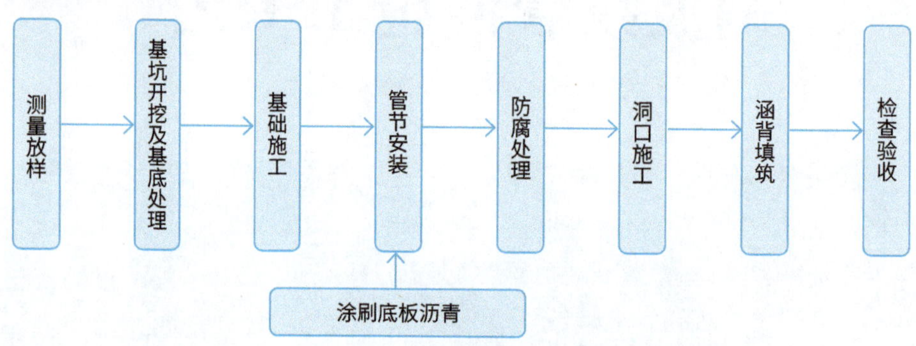

图 2–116 钢波纹管涵施工流程图

四、实施过程控制

1. 基坑开挖与基底处理

按照相关设计要求及地质情况选择合理的基坑开挖方式，基坑开挖完成后进行地基承载力检测，检测合格后才能进行基底处理。进行基底处理时在钢波纹管涵中部对应的基础垫层处留设预拱度，预拱度应按照相关施工规范和设计要求留置，确保管道中部不出现凹陷（图 2–117）。

a)　　b)

图 2–117 基坑开挖

2. 土工布铺设

土工布选用针刺无纺布与 PE 膜复合而成的一布一膜土工布，其防渗性能较好。

在地基顶铺设一层防水土工布，宽度为 2 倍管径，长度与管涵相等，以防止雨水浸泡基础，造成沉降。土工布自然搭接宽度不小于 20cm。

3. 砂垫层铺设

在基底土工布表面铺设厚 10cm 的砂垫层，用以保护钢波纹管管身和防腐涂层，同时确保钢波纹管波谷部位填土密实，使钢波纹管底部受力均匀（图 2–118）。

4. 端墙基础、八字墙基础施工

根据施工图纸进行测量放线，做好放线标识。根据放线结果安装模板，模板安装前必须打磨干净并涂刷脱模剂，模板拼缝处粘贴双面胶条，防止漏浆（图 2–119）。

图 2–118 砂垫层铺设

图 2–119 模板施工

模板拼装完成后进行混凝土浇注，混凝土采用插入式振捣棒分层振捣，振捣棒插入下层混凝土 10cm，与侧模保持 10cm 的距离，保证混凝土密实及表面平整（图 2–120）。

a) b)

图 2–120 端墙基础、八字墙基础施工

5. 钢波纹管安装

（1）原材料管控

涵洞所用钢波纹管原材料须经第三方检验，原材料强度、镀锌涂层厚度等指标均应符合相关设计要求。

采用 10.9 级 M24 高强度螺栓及配套垫片作为钢波纹管连接装置，波峰位置加设凹垫片，波谷位置加设凸垫片（图 2–121）。

法兰盘管节由厂家根据涵长、管径、管涵与路线夹角、流水纵坡等参数进行加工，管节运至现场后直接进行拼装（图 2–122）。

（2）钢波纹管拼装

钢波纹管圆周向搭接长度为 50mm，将第 2 张管片叠在第 1 张管片上面，对正连接孔。螺栓由内向外插入孔位，用套筒扳手预紧螺栓（图 2–123）。

图 2–121 波纹管连接装置

图 2–122 法兰盘管节

a)

b)

图 2–123 钢波纹管拼装

钢波纹管由下向上顺次拼装，轴向搭接宽度为 120mm，搭接部分上管片覆盖下管片，圆周向连接采用阶梯形，连接孔对正后，安装螺栓，并使用套筒扳手预紧螺栓。两侧钢波纹管管片对称安装（图 2–124）。

a) b)

图 2-124 钢波纹管拼装

（3）管节密封处理

在钢波纹管的管片搭接处粘贴专用密封胶条（图 2-125），以防管片连接处渗水，造成管涵回填区域内出现空洞，导致涵背下沉。

安装螺栓时按照安装、初拧和终拧的顺序进行。首先将垫片和螺母拧在螺栓上，然后使用套筒扳手将螺栓初紧，钢波纹管拼装完成一圈后使用定扭气动扳手按扭力矩 340N · m ± 70N · m 紧固螺栓，确保钢波纹管管片连接牢固（图 2-126）。

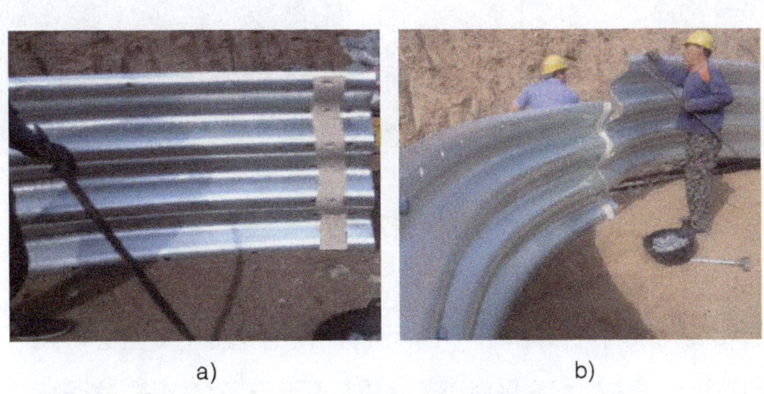

a) b)

图 2-125 密封胶条安装

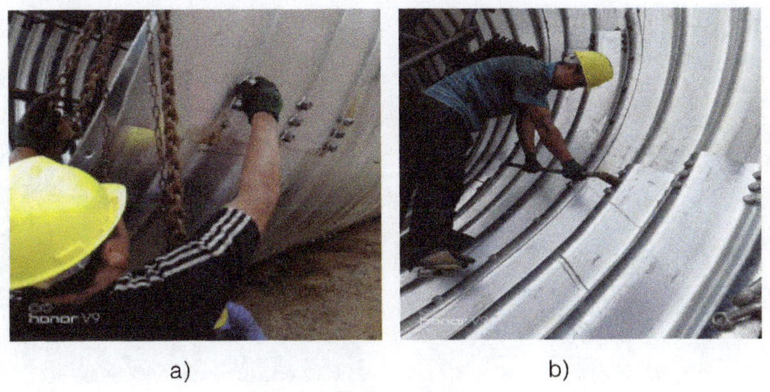

a) b)

图 2-126 螺栓安装

按照相关规范要求，在钢波纹管拼装完成后抽取结构纵向接缝 2% 的螺栓进行检测。

钢波纹管连接螺栓扭矩检测合格后，使用专用密封胶封填钢波纹管拼接部位和螺栓连接处，以防渗水。

6. 防腐处理

钢波纹管安装完成后外侧喷涂环氧沥青。现场采用小型电动沥青喷涂机进行沥青喷涂施工，确保沥青喷涂时喷雾速率一致。钢波纹管涵底部管节沥青防腐涂层应在波纹管安装之前喷涂完毕。

钢波纹管拼装完成后进行其余部位沥青防腐层喷涂施工，确保沥青喷涂均匀（图 2-127）。

a)

b)

图 2-127 钢波纹管沥青喷涂

7. 洞口施工

钢波纹管安装完成后进行端墙、八字墙等洞口结构施工（图 2-128、图 2-129）。混凝土由拌和站统一集中拌和，采用汽车起重机配合汽车泵浇注，拆模后及时进行养护。

图 2-128 洞口结构施工

图 2-129 洞口混凝土

8. 涵背回填

涵背回填前，在钢波纹管的侧面用油漆按每 15cm 高度画出回填分层控制线，以便控制每层的填筑厚度。并在管内设钢管支架作为内支撑，支架呈米字形，每 2m 设置一道，待路基交验结束后拆除钢管支架内支撑（图 2–130、图 2–131）。

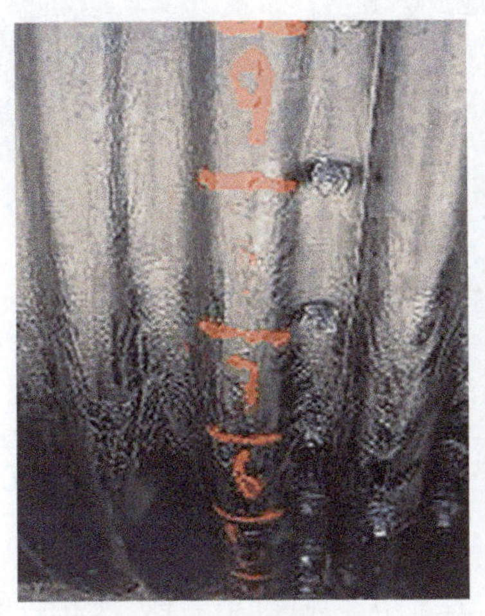

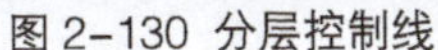

图 2–130 分层控制线

图 2–131 钢管支架内支撑

钢波纹管涵的涵底楔形区采用粗砂“水密法”振捣填筑。施工时在涵洞地势较低的一侧预留排水沟，边浇水边插捣，回填完成后及时将多余的水排出（图 2–132）。

a)

b)

图 2–132 “水密法”回填

涵身最大直径两侧 50cm 外使用压路机碾压，50cm 范围内使用小型夯实机械夯实（图 2–133）。涵洞两侧必须对称回填，防止波纹管变形。

a)

b)

图 2-133 回填压实

按照相关规范要求进行压实度检测，压实度不得小于 96%（图 2-134）。

管涵顶部填土厚度小于 50cm 时采用小型压路机压实，管涵顶部填土大于 50cm 后，方可采用重型压路机施工。

管顶填土厚度达到 100cm 时，铺设一层防水土工布，宽度同管径，防止因雨水渗入造成回填材料强度降低。土工布上方采用进占法填土。

a)

b)

图 2-134 压实度检测

五、实施效果

（1）施工中在地基顶铺设了防水土工布，有效减少了管涵基底和回填区渗水量，涵洞回填区未发生明显沉降。

（2）在基底防水土工布上铺设了 10cm 厚的砂垫层，使钢波纹管受力均匀、更加稳定。

（3）施工中在钢波纹管管片连接处粘贴防水胶条并涂抹密封胶；在连接螺栓内外侧均

涂抹密封胶，使钢波纹管涵密封严密，无漏水现象。

（4）环氧沥青防腐涂层采用专用机械喷涂两遍，钢波纹管底板沥青在拼装前喷涂完毕，沥青喷涂均匀无遗漏。

（5）涵背回填时在楔形部位使用“水密法”工艺进行施工，提高了涵洞楔形部位的密实度。

（6）台背回填施工前，管内设钢管支架内支撑，支架呈米字形，台背回填时涵管未发生变形。

（7）在实际施工中，根据钢波纹管涵的直径、与路线夹角等参数在洞口管节上预制了法兰盘，避免了波浪形洞口的出现，洞口线形更加圆润、美观（图 2–135）。

a)

b)

图 2–135 未安装与安装法兰盘洞口效果图

盖板涵施工工艺

本工艺要点：

采用盘扣支架，提高了模板稳定性，保证了施工安全；
墙身模板采用镀锌钢管内支撑，保证了结构尺寸，提高了混凝土外观质量；
采用了小型夯实机具、液压夯补强措施，提升了台背回填质量。

一、实施背景

施工过程中，通过对各道工序的精细化管理，可以避免质量通病，提升整体质量。

二、适用范围

适用于钢筋混凝土盖板涵施工。

三、工艺流程

盖板涵施工工艺流程如图 2–136 所示。

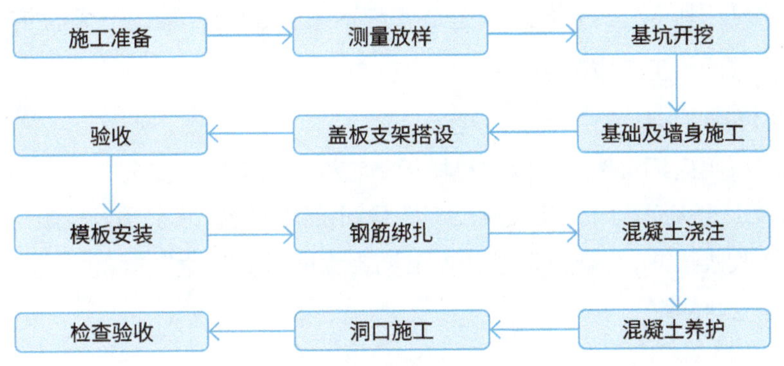

图 2–136 施工工艺流程

四、实施过程控制及实施效果

1. 基坑开挖

采用全站仪测设出基础轴线及基坑开挖线，安排专人指挥开挖，严禁超挖。基坑四周设置 50cm × 50cm 拦水埂，并设置安全围挡及安全标志牌（图 2–137）。

2. 基础施工

采用大块钢模板制作盖板涵模板，涂刷专用脱模剂，采用拉杆加支撑方式固定（图 2–138）。

图 2–137 基坑拦水埂、围挡及安全标志牌

图 2–138 模板支设

混凝土浇注采用汽车泵，水平分层，分层厚度为 30cm，采用插入式振捣棒振捣密实。浇注完成后，人工二次收面。

板块按照相关设计要求进行分块，混凝土浇注时采用跳仓法施工，沉降缝宽 2cm，沉降缝处设置挤塑板，挤塑板通过刷胶方式进行固定。

3. 墙身施工

采用镀锌钢管替代PVC拉杆套管进行墙身施工，镀锌钢管具有较好的内支撑的作用，可以加强模板稳定性，确保墙身尺寸及外观质量。

混凝土浇注采用泵车分层浇注，分层厚度不大于30cm。混凝土浇注完成后及时进行混凝土养护，采用土工布覆盖滴灌养护。

4. 盖板施工

盖板施工采用盘扣支架，可以提高模板稳定性，保证施工安全。

盖板混凝土一次浇注时，在混凝土与墙身间设置通缝。采用插入式振捣棒振捣密实，严格执行二次收浆工艺。沉降缝采用厚2cm沥青木板。搭设“之”字梯供施工人员上下通行，保证安全（图2-139）。

a)

b)

图2-139 盖板混凝土收面、之字梯

5. 沉降缝处理

基础、墙身、盖板外侧沉降缝以热沥青浸制麻筋填塞（图2-140），深度不小于5cm，处理完成后采用30cm宽三油两毡背贴处理。内侧以水泥砂浆填塞，深度不小于15cm。

6. 洞口工程

八字墙墙身、帽石一次浇注成型。

7. 台背回填

回填前，在台背背墙两端和中央用油漆画出红白间隔的层厚控制线，分层厚度不大于15cm（图2-141）。

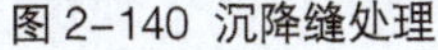

图 2-140 沉降缝处理

图 2-141 台背回填层厚分层控制线

台背墙身 50cm 范围采用小型机具夯实（图 2-142），大面积采用重型机械压实（图 2-143），每填高 0.8m 采用液压夯实机全断面补强一次（图 2-144）。

图 2-142 小型压路机

图 2-143 压路机碾压

图 2-144 液压夯实机补强

五、实施成果

（1）采用盘扣支架，提高了模板稳定性，保证了施工安全。

（2）采用镀锌钢管替代钢筋内支撑及 PVC 对拉杆，加强了模板稳定性，保证了混凝土墙身外观质量。

（3）台背回填每填高 0.8m 进行一次液压夯实机全断面补强，加强了台背填筑压实质量，杜绝了台背沉陷、桥头跳车等质量通病。

现浇箱涵施工工艺

一、实施背景

现浇箱涵为整体闭合式框架结构箱体。为使现浇箱涵内实外美，在施工过程中采用精细化管理并使用多项措施，使现浇箱涵整体品质得到了较大提升。

二、适用范围

适用于现浇箱涵施工。

三、工艺简述及流程

现浇箱涵采用分节段浇注，每节段采用两次浇注完成，第一次浇注底板及下倒角以上30cm，第二次浇注墙身及顶板（图 2-145）。

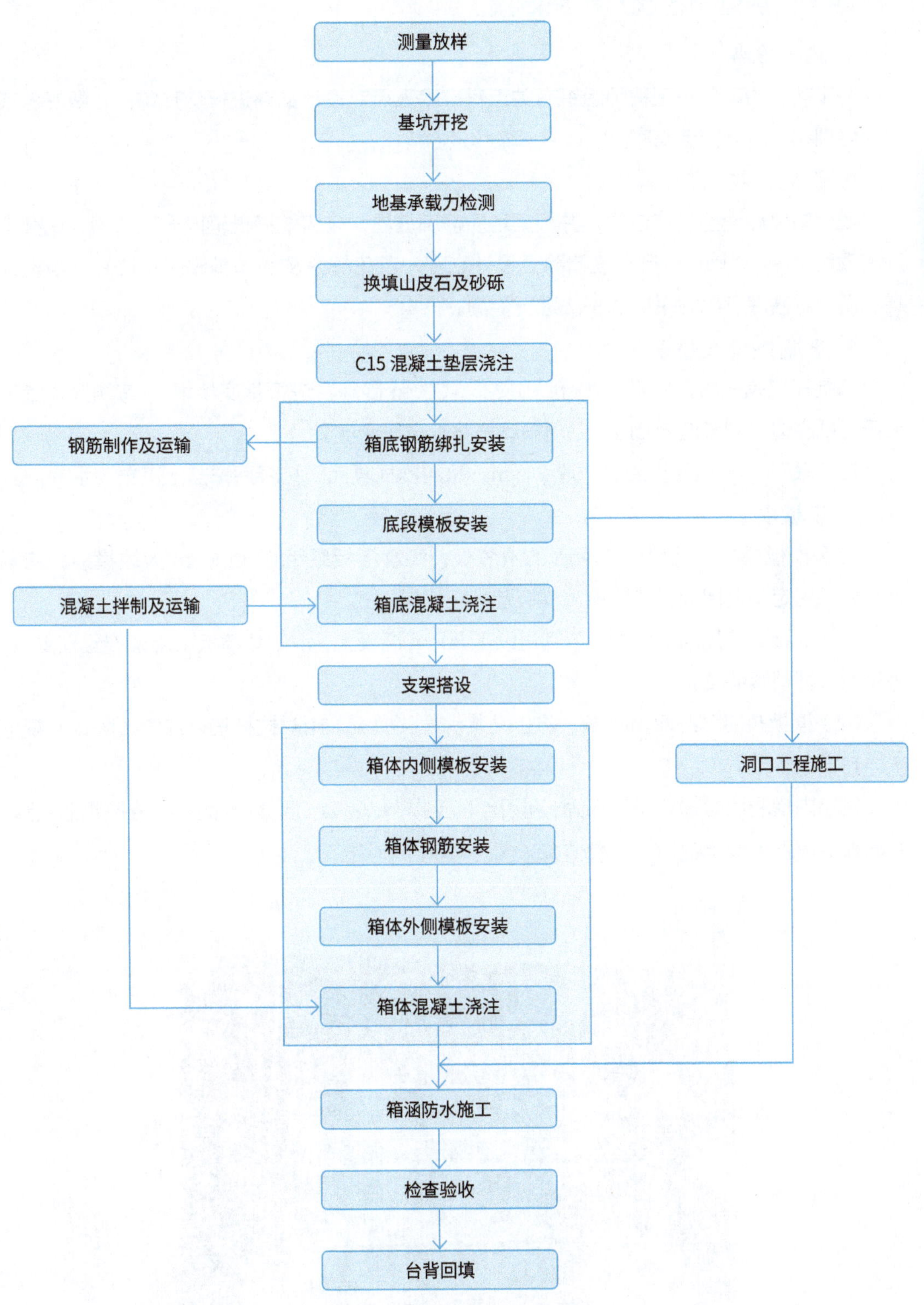

图 2-145 现浇箱涵施工工艺流程图

四、实施过程控制及实施效果

1. 施工准备

开工前，由项目总工程师组织有关工程技术人员对设计文件进行认真审核，做好各项岗前培训和技术、安全交底。

2. 基坑开挖

用全站仪测设出基坑边线，并根据地质情况放坡，采用挖掘机辅以人工清槽。挖掘机开挖预留 20 ~ 30cm 进行人工清除至设计高程，避免超挖及扰动基底。基坑开挖至设计高程后，对基底承载力采用触探法进行检测。

3. 基底换填及垫层施工

基坑开挖完成后，采用“70cm 山皮石 +30cm 砂砾”进行基底换填 ，每侧换填宽度大于基础底边每侧宽度 60cm，采用振动压路机碾压密实。

垫层采用 C15 混凝土浇注，厚 20cm，采用木抹收面，初凝后覆盖土工布洒水养护。

4. 模板安装

（1）顶板模板采用厚度 1.5cm 的竹胶板；侧墙模板采用 6.5m × 2m 大块模板。箱涵倒角处采用定型钢模板，使用侧墙模板包端头模板方式。

模板安装时首先浇注底板、下倒角以上 30cm 混凝土，下倒角模板采用螺旋丝杠支撑，采用对拉杆锁紧装置。

（2）模板拼缝粘贴双面胶条，防止漏浆。端头模板采用对拉杆进行加固，防止混凝土浇注过程中胀模。

侧墙内模利用盘扣式支架加固，利用丝杠支撑，每隔 2m 用 ϕ16 钢丝绳将拉紧器锁紧，从而保证模板不发生跑模、胀模情况（图 2–146）。

图 2–146 大块模板及盘扣式支架

5. 支架搭设

（1）满堂式支架采用盘扣式杆件（图 2–147），立杆间距为 90cm × 90cm，横杆连接高度为 100cm。下垫方木，每隔 2m 设置一道 ϕ48 钢管斜撑杆，斜撑杆与地面呈 45°夹角，以确保脚手架的稳定性。

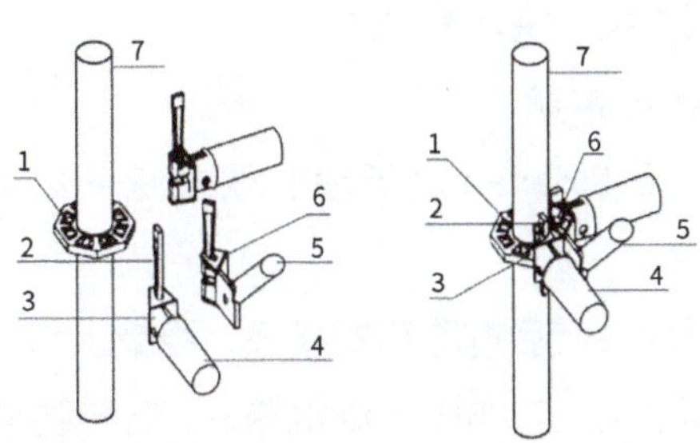

图 2–147 盘扣式杆件

1- 链接盘；2- 插销；3- 水平杆杆端扣接头；4- 水平杆；5- 斜杆；6- 斜杆杆端扣接头；7- 立杆

（2）墙身内外钢模采用 ϕ16 钢管，穿墙对拉螺栓外套采用 ϕ35 镀锌钢管加固，镀锌钢管与墙厚等长，用以控制墙身厚度，每侧墙身设置 6 处。杆孔采用橡胶止水环封堵防止漏浆。相邻模板拼接采用高强螺栓。

6. 钢筋加工及安装

钢筋在加工厂集中制作，现场绑扎。使用胎架法进行钢筋的安装和定位，保证钢筋绑扎精度（图 2–148）。

钢筋保护层采用了穿心式垫块（图 2–149），实测混凝土保护层厚度检测点数 176 个，合格点数 170 个，合格率达到 96.6%，取得了较好效果。

图 2–148 胎架制作

图 2–149 钢筋绑扎及穿心式垫块

7. 混凝土浇注

采用汽车泵浇注混凝土，混凝土坍落度控制在 160 ~ 200mm，每层浇注厚度不超过 30cm，采用插入式振捣棒振捣，快插慢拔，时间控制在 20 ~ 30s，插点均匀排列，逐点移动，移动间距不超过 30cm。振捣时避免触碰模板、钢筋，直至混凝土表面停止下沉、不再冒气泡、表面平整、开始泛浆为止。混凝土达到一定强度后，对施工缝进行凿毛，然后进行箱体墙身及顶板钢筋绑扎及模板安装，浇注混凝土。

8. 模板拆除及混凝土养护

在混凝土抗压强度达到 2.5MPa 时拆除非承重侧模板，拆除过程中注意对成品进行保护。

在混凝土强度达到设计强度后拆除承重模板，混凝土强度以同体养护试件为准。

混凝土在初凝后立即采用土工布覆盖洒水养护，保持混凝土表面湿润，定时进行养护，经常检查，养护时间不少于 7 天。

9. 沉降缝施工

沉降缝贯通整个断面，缝内填塞沥青麻絮。沉降缝顶面采用三层沥青、二层油毡封闭。

"装配式"箱涵施工工艺微改进

本工艺微改进要点：

小断面箱涵采用"集中预制＋现场拼装"施工工艺，有效提高了工作效率，缩短了工期，减少了劳动力投入，降低了施工成本。

一、实施背景

常规混凝土箱涵施工采用现浇法，人员、设备及模板投入大，施工周期长，与路基交叉施工工序衔接不畅，难以形成多点流水作业，难以保证现场文明施工及标准化管理，质量、安全隐患大。

为提升箱涵施工品质，加快施工进度，对小断面箱涵采用"集中预制＋现场拼装"的"装配式"方法进行施工。

二、适用范围

适用于小断面箱涵施工。

三、工艺简述

箱涵节段在预制厂采用立式预制，然后运输至施工现场安装。与常规的现浇箱涵施工相比，该方法具有以下优点：

（1）现浇钢筋绑扎会使钢筋骨架存在钢筋间距分布不均、生产效率低等问题。装配式箱涵在预制厂内采用胎架法进行钢筋绑扎，可以提高工人操作熟练度，同时钢筋间距、保护层等合格率高，钢筋骨架制作可以实现标准化。

（2）现浇箱涵模板支架工序多，安拆时间长，模板的周转效率低。采用装配式箱涵，可实现分节立式预制，同时定型组合模板安拆快捷，周转周期短，构件尺寸精准度高。预制箱涵是一次性浇注成型的，外观质量及防水有很大提升，较少出现现浇箱涵因两次浇注产生的施工缝、漏浆、拉杆孔等问题。

（3）与现浇箱涵相比，装配式箱涵通过工厂化集中预制，现场拼装工序少，现场拼装速度快，标准化施工程度高，安全、质量易于控制，人员、设备投入少，能够提高工作效率，加快施工进度，缩短工期，从而降低施工成本。

具体施工工艺流程如图 2–150、图 2–151 所示。

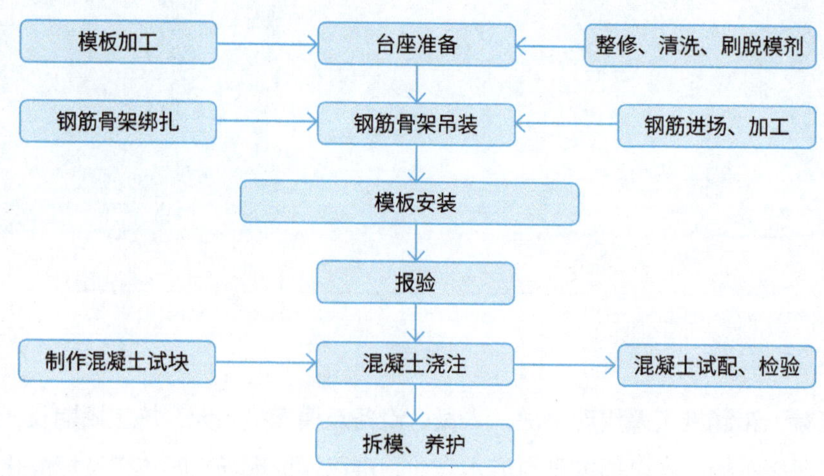

图 2–150 箱涵预制施工工艺流程

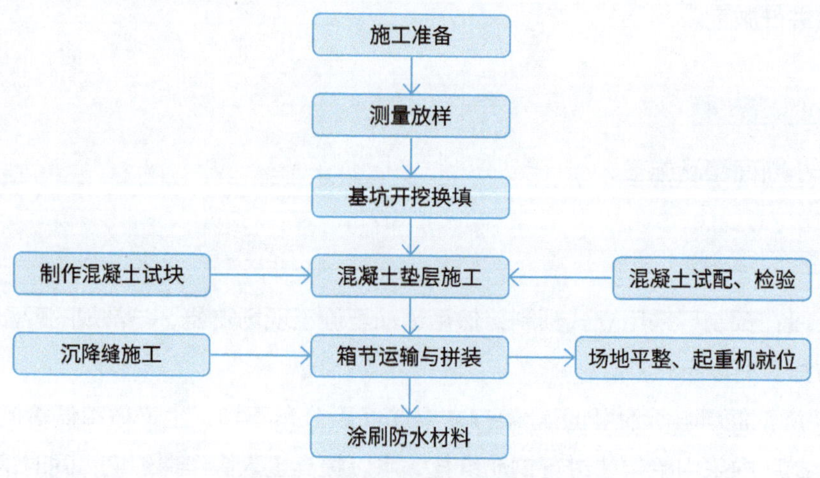

图 2–151 箱涵拼装施工工艺流程

四、实施过程控制及实施效果

1. 台座

台座采用定型钢模作为箱涵底模（图 2–152），使用前，检查底模尺寸是否符合相关要求并用水平尺进行调平。底模与侧模的拼缝采用 2mm 厚双面胶密封，防止漏浆。

2. 钢筋工程

在胎架上进行钢筋绑扎，预埋箱体吊耳，利用汽车起重机将钢筋骨架整体吊装就位（图 2–153）。

图 2–152 箱涵底模

图 2–153 钢筋骨架

3. 模板工程

模板安装前按照出厂时的编号试拼装（图 2–154），节段间错台、平整度及各部位尺寸须经过检查达到相关要求。

a)

b)

图 2–154 模板试拼装

4. 混凝土浇注

混凝土采用汽车起重机配合料斗进行投料，坍落度控制在 160 ~ 200mm。每层浇注厚度不超过 30cm，采用插入式振捣棒振捣，快插慢拔，时间控制在 20 ~ 30s，插点均匀排列，逐点移动，移动间距不超过 30cm。振捣时应避免触碰模板、钢筋。

5. 模板拆除

同条件养护试块强度达到2.5MPa后拆除模板，拆除过程中注意成品保护（图2–155）。

6. 养护

采用“一布一喷一棚”养护，可使混凝土强度均匀，外观色泽一致。

7. 编号

箱涵预制完成后进行编号，编号写明箱涵桩号、箱节编号、浇注日期、施工单位、监理单位等。

8. 成品存放

（1）脱模后先将成品进行编号，将所有的标准箱节分区堆放。

（2）成品在搬运转场过程中轻吊轻放，避免碰撞损坏制品的边、角，影响制品的外观。

（3）为方便装卸和运输，防止在运输过程中发生碰损，可以在预制构件下方衬垫木制托盘，托盘由方木制成。

9. 箱节运输与拼装

混凝土达到设计强度后采用平板车运输至现场进行拼装，安排专人指挥吊装。

每节预制箱涵质量为13.8t，采用平板车运输，采用起重机吊装（图2–156）。吊装过程中，采取保护措施，轻吊轻放，用吊环挂住箱涵吊筋，放在平板车枕木上，箱节之间采用枕木隔离，防止磕碰预制箱节棱角。

a) b)

图2–155 模板拆除

a) b)

图2–156 箱涵吊装

箱涵基础施工完成后，进行箱节边线和中线位置放设，并用砂浆找平，利用起重机配合人工吊装就位。节段间预留2cm沉降缝，拼装完成后采用沥青麻絮填充。

第三部分

路　基

水泥搅拌桩施工设备微改造

本设备微改造要点：

采用远程检测数据采集系统，使管理人员能够实时掌握现场施工信息；
优化配合比，增强成桩混凝土质量；
通过钻头微改造，增加单点搅拌次数。

一、实施背景

水泥搅拌桩的质量控制要点为水泥剂量、桩长、成桩均匀度等主要参数，成桩质量直接影响路基施工后沉降程度，关系到路面行车舒适及安全。通过管理创新、新材料应用、工艺微改进、设备微改造等措施，可以使各项技术指标均有有较大提升。

二、适用范围

适用于水泥搅拌桩软基处理施工。

三、工艺简述

水泥搅拌桩软基处理采用“两喷四搅”的施工工艺，其工艺流程如图 3-1 所示。

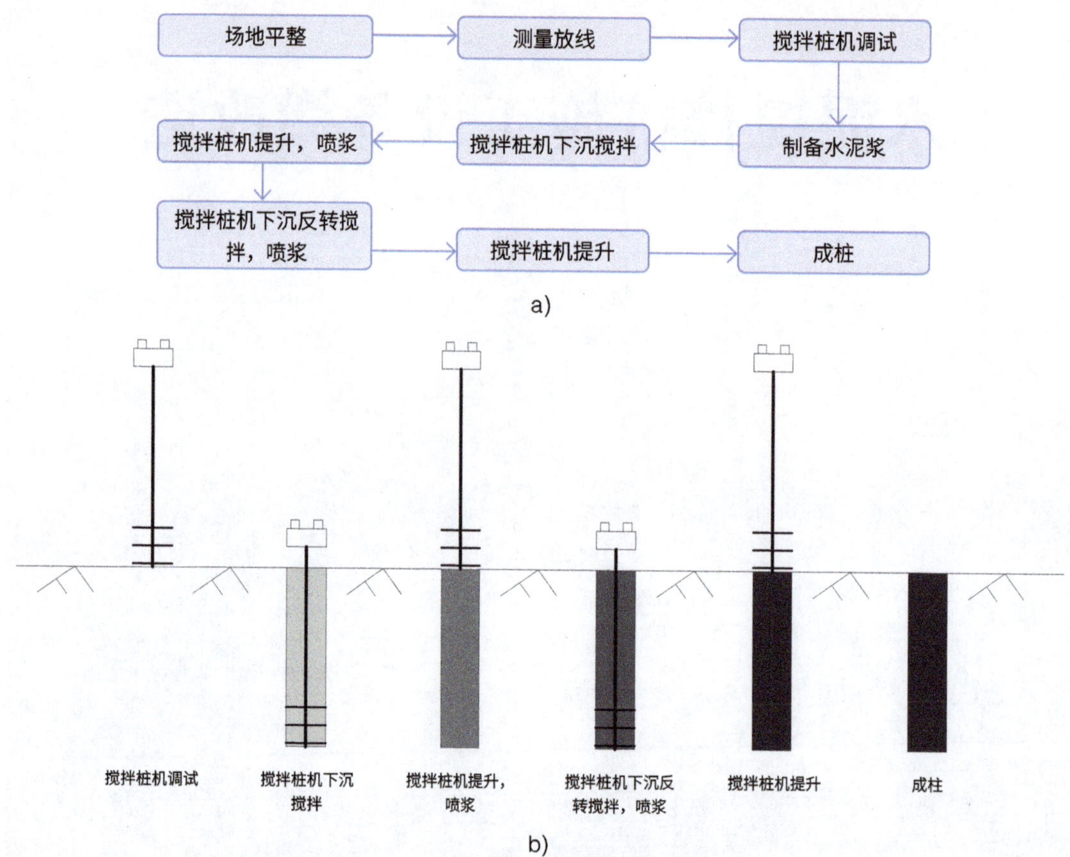

图 3-1 “两喷四搅”施工流程及示意图

四、实施过程控制

1. 管理创新

（1）建立管控体系

建立软基处理水泥搅拌桩质量管控体系，对设备的进场验收、原材料的进场验收及管理、测量放样、设备的布置与安装调试、施工过程管控、资料整理、职责分工、奖罚措施等做出明确的要求。

（2）样板区引领施工

建立水泥搅拌桩标准化、精细化施工的样板区，组织新进场队伍人员现场观摩学习，以最直观的方式进行现场培训与交底，规范、指导后续施工。

（3）信息化系统应用

在水泥搅拌桩机上安装远程监测数据采集系统，该系统可在手机 APP 端实时查看各项技术参数（图 3-2）。

a)

b)

图 3-2 远程监测数据采集系统

2. 采用新材料，优化配合比

对配合比进行优化，加入木质纤维素（图 3-3），木质纤维素具有优良的柔韧性及分散性，混合后可形成三维网状结构，可以增强水泥搅拌桩的支撑力和耐久性，并提高水泥搅拌桩的强度和均匀性。

图 3-3 木质纤维素

3. 设备微改造

（1）将传统钻头叶片由 4 片增加到 6 片，增加单点搅拌次数（图 3-4）。

（2）引进喷浆管控系统，将水泥浆泵波形输出的压力调整为持续平稳输出的压力，从而提高喷浆均匀性。

a)

b)

图 3-4 增加搅拌叶片

4. 质量控制

（1）垂直度控制

在钻架悬挂铅锤，与钻架上的竖直线对比复核桩体垂直度（图3–5）。

（2）水泥用量控制

将人工称量改进为半自动称量装置称量（图3–6），可以提高生产效率和水泥用量的精确度，减少劳动力投入，避免人为因素造成的质量隐患。同时，从使用袋装水泥改进为使用散装水泥，减少施工人员吸入粉尘，保证了工人的健康与安全，也减小了施工粉尘对周边环境的污染。

图3–5 垂直度复核

图3–6 散装水泥半自动称量装置

（3）桩长及钻进速度控制

在钻架及钻杆相应位置用反光标贴标示刻度，利于夜间施工直观控制成桩长及钻进提升速度。

（4）喷浆压力控制

在出浆口安装压力表，准确反映喷浆压力（图3–7）。

a)

b)

图3–7 压力表

（5）原始资料自动打印

成桩资料自动打印，保证原始资料的真实性（图 3–8）。

a)

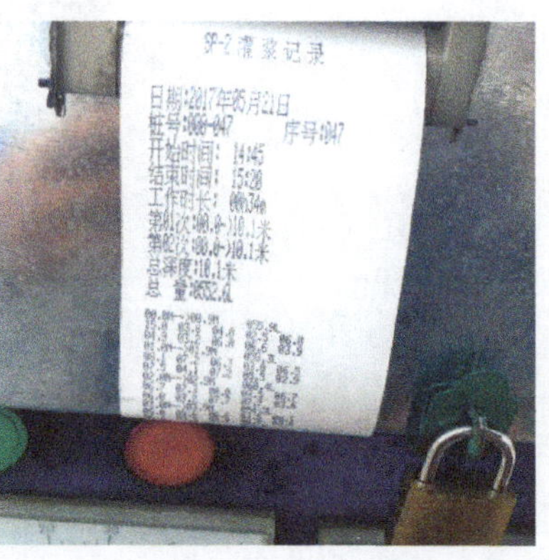

b)

图 3–8 资料自动打印

五、实施成果

（1）通过采用“两喷四搅”施工工艺，保证了水泥搅拌桩各项检测结果均满足相关要求。

（2）通过引进双头水泥搅拌桩机，每台水泥搅拌桩机具备两根钻杆，一次下钻与提升可成桩两根，相比单头水泥搅拌桩机，施工速率提升一倍（图 3–9）。

图 3–9 双头水泥搅拌桩机

强夯施工工艺

本工艺要点：

采用 GPS 进行夯点放样，用装土红塑料袋标明夯点位置，保证夯点位置控制准确；

通过量取夯锤拉绳的长度控制夯锤高度，保证夯锤夯击能；

从路基两侧向中间逐点进行夯击，防止漏夯、路基向外扩张。

一、实施背景

根据相关设计要求，路堤高度 H 满足 $4m \leqslant H < 6m$ 时，在路床底面强夯一次；路堤高度满足 $6m \leqslant H < 10m$ 时，在路床底面强夯一次，在 $H/2$ 填高处强夯一次；路堤高度满足 $H \geqslant 10m$ 时，每填高 4m 在路床底面强夯一次。

二、适用范围

适用于地基处理及路堤强夯施工。

三、施工工艺简述

1. 工艺流程

强夯施工工艺流程如图 3–10 所示。

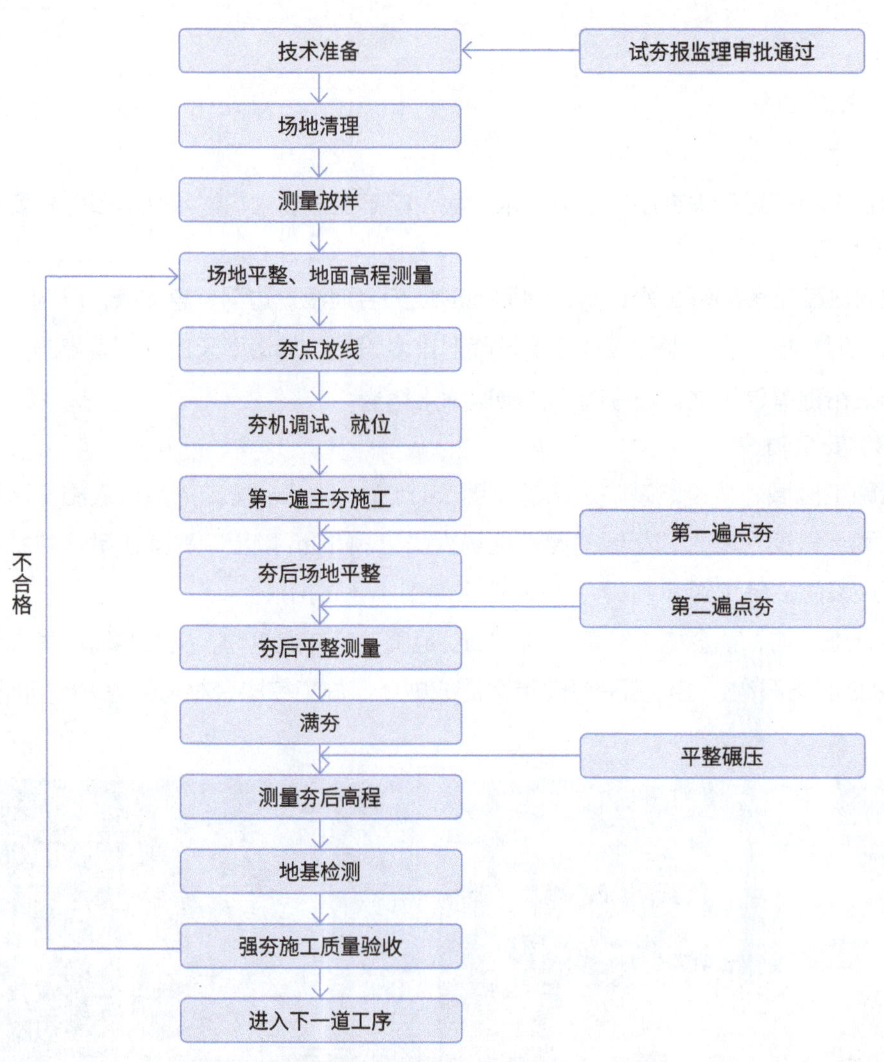

图 3–10 强夯施工工艺流程

2. 工艺亮点

强夯施工工艺亮点如表 3–1 所示。

强夯施工工艺亮点 表 3-1

序号	施工工艺	工 艺 亮 点
1	施工准备	（1）严格执行三级交底制度； （2）做好临边防护、排水
2	强夯	（1）采用 GPS 精确定位出夯点位置； （2）根据相关设计标准给出的夯击能及采用的夯锤质量，准确计算并控制落锤高度； （3）以连续两锤之间的夯沉值小于 5cm 作为终夯标准

四、实施过程控制及实施效果

1. 施工准备

（1）技术交底

项目部组织进行强夯施工三级技术交底，明确图纸要求、技术规范和控制要点。

（2）临时排水

完善施工路段路基排水设施，根据地形地势合理设置边沟、急流槽，以利于路基范围内积水及时排出。施工期间应经常维护临时排水设施，如遇雨天应立即暂停施工并对夯坑采取彩条布覆盖等措施，疏导雨水，确保排水畅通。

（3）安全防护

在施工区域外架设路基临边防护（图 3–11），防止非施工人员进入施工区域，同时防止飞溅土石误伤路人。起锤前要求现场人员远离 10m 以上，严禁在吊臂前站立。驾驶室必须加设防护罩（图 3–12），以防夯击施工中飞石伤人。

强夯施工前，核查施工路段周围 200m 范围，若有建筑物，则在路堤坡脚 5m 外开挖 1.5m 深临时防震沟，避免强夯对建筑物造成破坏，施工完毕后对防震沟进行回填。

图 3–11 路基临边防护

图 3–12 驾驶室防护罩

（4）机械设备调试

安排施工机械进场调试，确保性能良好；校准测量仪器及控制桩，在强夯作业中保证夯点准确及测量数据可靠（图 3–13、图 3–14）。

（5）测量放样

用 GPS 对夯点进行逐点放样，用装土红色塑料袋标明夯点的位置，第一遍主夯点位按 4m × 4m 正方形布置；第二遍副夯点位同按 4m × 4m 正方形布置，但需在各主夯点位中间穿插布置；要求完成主副夯后进行全幅满夯，夯点彼此搭接夯锤直径的 1/4（图 3–15、图 3–16）。

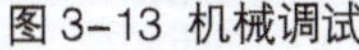

图 3-13 机械调试

图 3-14 测量设备检校

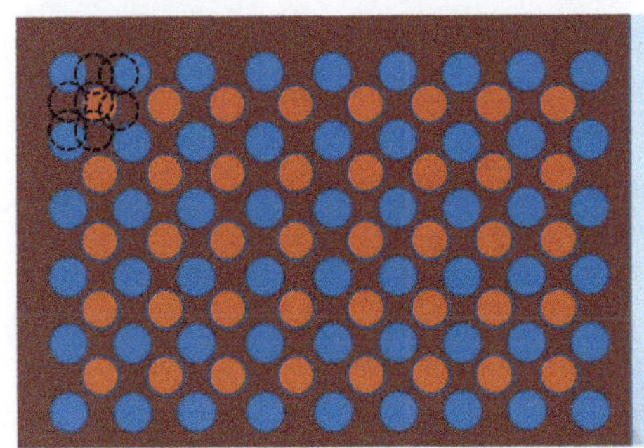

图 3-15 夯点布置

图 3-16 施工放样及夯点标识

2. 强夯施工

单点夯击能：根据相关设计要求，主夯单点夯击能为 2000kN · m，副夯单点夯击能为 2000kN · m，满夯时单点夯击能为 1200kN · m。本次使用夯锤质量为 17t，经计算夯锤提升高度分别为：主夯 12m，副夯 12m，满夯 7.2m。

主夯、副夯及满夯时以连续两锤之间的夯沉值小于 5cm 作为终夯标准。

（1）主夯施工

①安排施工机械就位，使夯锤对准夯点位置，测量夯锤中心位置原地面高程，并将其作为夯沉量分析的基础数据。

②将夯锤起吊至 12m [（2000kN · m）/（17t）/（9.8kN/t）=12m]，待夯锤脱钩自动下落后，放下吊钩，测量夯锤中心高程，如锤顶倾斜，应及时将坑底整平（图 3-17）。

③重复上一步骤，直至夯击最后两击高程之差小于 5cm，即完成一个夯点的夯实。

④强夯施工时测量前 3 点的夯击次数、夯沉量并做好详细记录，以前 3 点试验结果作为控制参数完成其他夯点，随后每隔 2 点测量 1 次数据，直至夯击遍数稳定，且夯沉量均小于 5cm，则可以确定夯击参数。

图 3–17 落锤控制

⑤移动位置，进行下一个夯点的夯击，采取连续作业，直至完成第一遍全部夯击。

⑥数据分析：根据检测数据统计分析得出主夯的每夯点夯击次数为 8 次（表 3–2）。

主夯特征点位夯沉量数据　　表 3-2

夯点编号	总夯沉量（cm）	最后两击夯沉量之差（cm）	夯前高程（m）	夯后高程（m）	各夯击次数下夯沉量读数（m）							
					1	2	3	4	5	6	7	8
36	63	1.5	0.28	0.91	0.45	0.56	0.65	0.72	0.765	0.825	0.895	0.91
73	59	2	0.58	1.17	0.7	0.82	0.89	0.93	1.02	1.09	1.15	1.17
145	56	4	0.41	0.97	0.52	0.63	0.71	0.79	0.85	0.93	0.97	
31	57	2.5	0.365	0.935	0.48	0.572	0.635	0.715	0.787	0.855	0.91	0.935
103	51.5	2.5	0.375	0.89	0.48	0.57	0.64	0.735	0.79	0.865	0.89	
150	51	4	0.42	0.93	0.51	0.6	0.68	0.74	0.81	0.89	0.93	
26	45.5	2	0.56	1.015	0.65	0.74	0.81	0.88	0.935	0.995	1.015	
83	47	4	1.14	1.61	1.25	1.34	1.39	1.45	1.51	1.57	1.61	
155	60	2	0.37	0.97	0.48	0.56	0.65	0.73	0.81	0.89	0.95	0.97
21	60	2	0.35	0.95	0.46	0.55	0.63	0.69	0.78	0.85	0.93	0.95
93	58.5	2.5	0.41	0.995	0.52	0.61	0.69	0.78	0.85	0.91	0.97	0.995
160	63	4	0.38	1.01	0.49	0.58	0.65	0.72	0.81	0.9	0.97	1.01

（2）副夯施工

①主夯完成后，静置 72h，用推土机将夯坑填平，用平地机平整场地，随后测量高程数据并重新放线定位。

②按主夯施工步骤进行副夯施工，夯锤提升高度取 12m，施工及记录流程与主夯相同直至完成第二遍副夯。

③数据分析：根据测量数据统计分析出副夯的每夯点夯击次数为 7 次（表 3–3）。

（3）满夯施工

①副夯施工完成后，静置 72h，用推土机将夯坑填平。

②夯锤提升高度取 7.2m，施工及记录流程同主夯。完成满夯后平整作业面，对作业面进行碾压后测量高程，检测顶面以下 30cm 的压实度，即完成强夯施工，进行下一道工序（路基填筑）。

副夯特征点位夯沉量数据　　表 3-3

夯点编号	总夯沉量（cm）	最后两击夯沉量之差（cm）	夯前高程（m）	夯后高程（m）	各夯击次数下夯沉量读数（m）						
					1	2	3	4	5	6	7
25	42	2	0.53	0.95	0.65	0.73	0.8	0.87	0.93	0.95	
93	50	3	0.57	1.07	0.66	0.73	0.82	0.91	0.98	1.04	1.07
161	56	3	0.42	0.98	0.55	0.63	0.7	0.81	0.87	0.95	0.98
20	46	4	0.35	0.81	0.47	0.58	0.65	0.71	0.77	0.81	
89	51	3	0.37	0.88	0.49	0.56	0.65	0.72	0.79	0.85	0.88
157	56	2	0.42	0.98	0.56	0.65	0.73	0.81	0.9	0.96	0.98
15	54	3	0.35	0.89	0.5	0.57	0.65	0.72	0.8	0.86	0.89
83	52	3	0.37	0.89	0.5	0.59	0.65	0.73	0.79	0.86	0.89
151	47	4	0.45	0.92	0.53	0.62	0.69	0.75	0.82	0.88	0.92
10	53	4	0.32	0.85	0.45	0.53	0.61	0.69	0.75	0.81	0.85
78	48	2	0.57	1.05	0.69	0.76	0.83	0.9	0.97	1.03	1.05
146	57	4	0.5	1.07	0.62	0.7	0.78	0.87	0.95	1.03	1.07

③数据分析：根据数据统计分析得出满夯的每夯点夯击次数为 2 次（表 3–4）。

④强夯完成后路基平均夯沉量为 25.7cm（表 3–5），压实度提高至 94.5%。

满夯特征点位夯沉量数据　　表 3-4

夯点编号	总夯沉量（cm）	最后两击夯沉量之差（cm）	夯前高程（m）	夯后高程（m）	各夯击次数下夯沉量读数（m）		累计夯沉量		沉降差	
					1	2	1	2	1	2
1	8	4	0.27	0.35	0.31	0.35	4	8	4	4
2	8	3	0.31	0.39	0.36	0.39	5	8	5	3
3	7	4	0.41	0.48	0.44	0.48	3	7	3	4
7	7	3	0.33	0.4	0.37	0.4	4	7	4	3
8	7	4	0.35	0.42	0.38	0.42	3	7	3	4
9	7	4	0.37	0.44	0.4	0.44	3	7	3	4
12	8	4	0.35	0.43	0.39	0.43	4	8	4	4
13	7	3	0.42	0.49	0.46	0.49	4	7	4	3
14	9	4	0.37	0.46	0.42	0.46	5	9	5	4
17	7	4	0.35	0.42	0.38	0.42	3	7	3	4
18	7	4	0.37	0.44	0.4	0.44	3	7	3	4
19	6	2	0.41	0.47	0.45	0.47	4	6	4	2

强夯施工累计夯沉值　　表 3-5

桩　号	偏距（cm）	主夯前高程（m）	满夯后高程（m）	累计夯沉值（cm）
K78+720	左15	116.409	116.309	10.0
	中	116.425	116.363	6.2
	右15	116.429	116.321	10.8
K78+740	左15	116.096	115.872	22.4
	中	116.176	115.866	31.0
	右15	116.136	115.904	23.2
K78+760	左15	115.585	115.461	12.4
	中	115.940	115.557	38.3
	右15	115.958	115.606	35.2
K78+780	左15	115.560	115.151	40.9
	中	115.655	115.260	39.5
	右15	115.689	115.302	38.7
平均值		116.005	115.748	25.7

湿陷性黄土路基填筑施工工艺

本工艺要点：

系统规划临时排水系统，严格设置排水横坡、临时挡水埂及泄水槽，备足防雨物资，保证排水顺畅不积水，防止水害；

深沟高填地段，设置层厚及层数控制标尺；

采取强夯补强，保证土工格室铺设位置准确；

使用雾炮车均匀控制含水率并对现场降尘；

路基外侧设置石灰土隔水墙，防止路基受雨水浸泡；

每填筑 5m 采用瑞雷波法加强压实度检测。

一、实施背景

工程沿线湿陷性黄土分布众多，湿陷性等级多为轻微，通过采用强夯并加强过程管控措施，可以消除土体原有湿陷性，将其作为路基填料。

二、适用范围

适用于轻微湿陷等级土体，且采用强夯可消除其湿陷性的黄土路基填筑。

三、工艺流程

湿陷性黄土路基填筑施工工艺如图 3-18 所示。

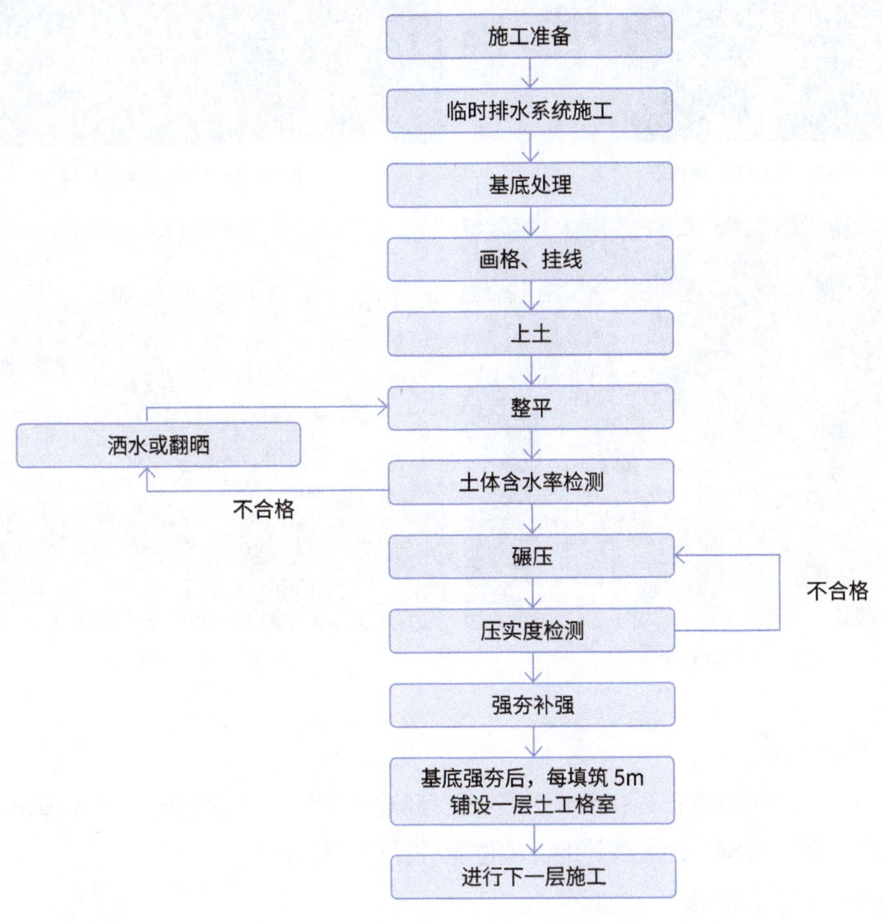

图 3-18 施工工艺流程图

四、实施过程控制及实施效果

1. 施工准备

（1）清表

测量放样地界桩，采用推土机为主、人工为辅的方式进行清表。控制清表厚度为 30cm，填前碾压压实度不小于 90%。清表土堆放于路基高侧用于挡水及后期防护绿化利用（图 3-19 ~ 图 3-22）。

图 3-19 原地表

图 3-20 地界桩测量放样

图 3-21 清表中

图 3-22 清表后

（2）测量放样

开工前，用全站仪进行导线点、水准点的复测及加密，并复测中线，绘制横断面图。设置界桩和坡脚、边沟、护坡道等的具体位置桩，标明其轮廓。

2. 临时防排水设施

在坡顶设置截水沟防止雨水流入路基范围，在深沟上游设置临时拦水埂（图 3-23），引导上游水流入其他冲沟支流，同时备足临时防雨物资，防止路基受雨水的侵蚀。

3. 基底处理

按照相关设计要求，完成清表后对基底进行强夯处理（图 3-24），采用点夯两遍、满夯一遍的强夯方式，对边部强夯不到位区域采用液压夯处理。采取点夯分主、副夯，控制点夯夯击能为 2000kN · m，以最后两击的平均夯沉量不超过 50mm 且土体隆起高度≤ 10cm 控制夯击次数。满夯夯击能为 1200kN · m，每点夯两击，两夯点之间搭接 1/4 夯锤直径。

图 3-23 拦水埂

图 3-24 强夯

采取“专人专机”现场控制，同时采用质检工程师现场抽查的方式，确保施工质量。强夯完成后，采用灌砂法测压实度及瑞雷波法检测强夯质量（图 3-25、图 3-26）。

图 3-25 压实度检测

图 3-26 瑞雷波法检测

4. 石灰土隔水墙施工

完成强夯后，及时进行石灰土隔水墙施工。采用路拌机进行场外拌和，使用小型机械运输整平，人工配合专用小型压路机进行压实以达到要求（图 3-27）。施工完成后，采用灌砂法及瑞雷波法检测隔水墙压实质量。

a)

b)

图 3-27 石灰土隔水墙施工

5. 画格上土

通过运输车运输的土方量计算出松铺面积，绘制方格网进行规范卸土，控制上料方量，确保按格上土，以提高粗平、精平工作效率，减少不必要机械浪费。对于深沟高填地段，在坡壁上设置层厚及层数控制标尺，并标明强夯及土工格室高程位置（图 3-28、图 3-29）。

图 3-28 绘制方格网

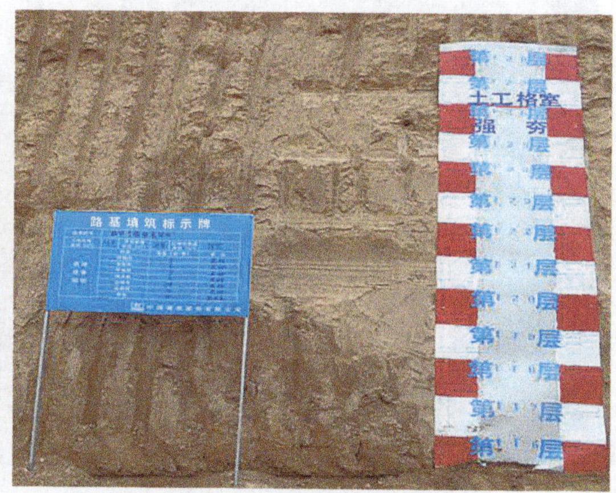

图 3-29 标尺

6. 土体含水率检测、整平

采用推土机进行粗平，及时检测土体含水率，若含水率不合格则进行翻晒或采用雾炮车进行洒水处理。采用平地机进行精平，设置 3% ~ 4% 的横坡（图 3-30、图 3-31）。

图 3-30 翻晒

图 3-31 精平

7. 碾压

采用 22t 以上振动压路机进行碾压。碾压原则为“先静后振、先低后高”，控制错轮宽度不小于压实轮宽的 1/3，碾压行驶速度不超过 4km/h，碾压达到无漏压、无死角。

压路机及强夯施工不到的边角部位采用挖掘机液压平板振动夯补强，确保规范化施工（图 3-32）。

a)

b)

图 3-32 边角部位补强

8. 检测

逐层检测压实度，检测合格后，进行下一层施工。

9. 强夯补强

对于深沟高填地段，每填筑 5m 或更换土场填筑 3m 时使用 1000kN · m 夯击能满夯补强，路床底面距离最上层强夯面大于 4m 时，需在路床底面满夯补强（图 3-33）。

10. 铺设土工格室

深沟高填地段，强夯整平碾压后铺设首层土工格室（图 3-34），之后每填筑 5m 铺设一层土工格室，填土采用进占法施工，避免对土工格室造成损坏。土工格室要注意存放，以防止太阳暴晒后老化。

图 3-33 强夯补强

图 3-34 铺设土工格室

11. 施工主体临时排水

及时设置拦水埂、临时泄水槽等排水设施，保证路基临时排水顺畅（图 3-35）。

a)

b)

c)

图 3-35 临时排水设施

12. 使用雾炮车均匀控制含水率并对现场降尘

雾炮车使用情况如图 3-36 所示。

a)

b)

图 3-36 雾炮车控制含水率

天然砂砾路基填筑施工工艺

本工艺要点：

采用挖掘机控制填料粒径。粗平后，超粒径材料采用挖掘机配合人工挑除，集中采用矿业碎石机械破碎再利用，杜绝超粒径填料和废料弃料，保证了压实质量，兼顾了经济环保。

路基超宽 50cm，保证了压实效果，碾压完成后设置宽 15cm 土质拦水梗，控制了上料高度，起到了包边土作用。

一、实施背景

施工现场砂砾资源丰富，就近利用天然砂砾填筑路基，绿色环保，节约资源。施工过程中，通过重点解决砂砾填筑出现超粒径填料、边坡不稳定等问题，可以确保路基填筑质量。

二、适用范围

适用于现场砂砾资源丰富，路基基底透水性良好地区。

三、工艺流程

天然砂砾路基填筑施工工艺流程如图 3–37 所示。

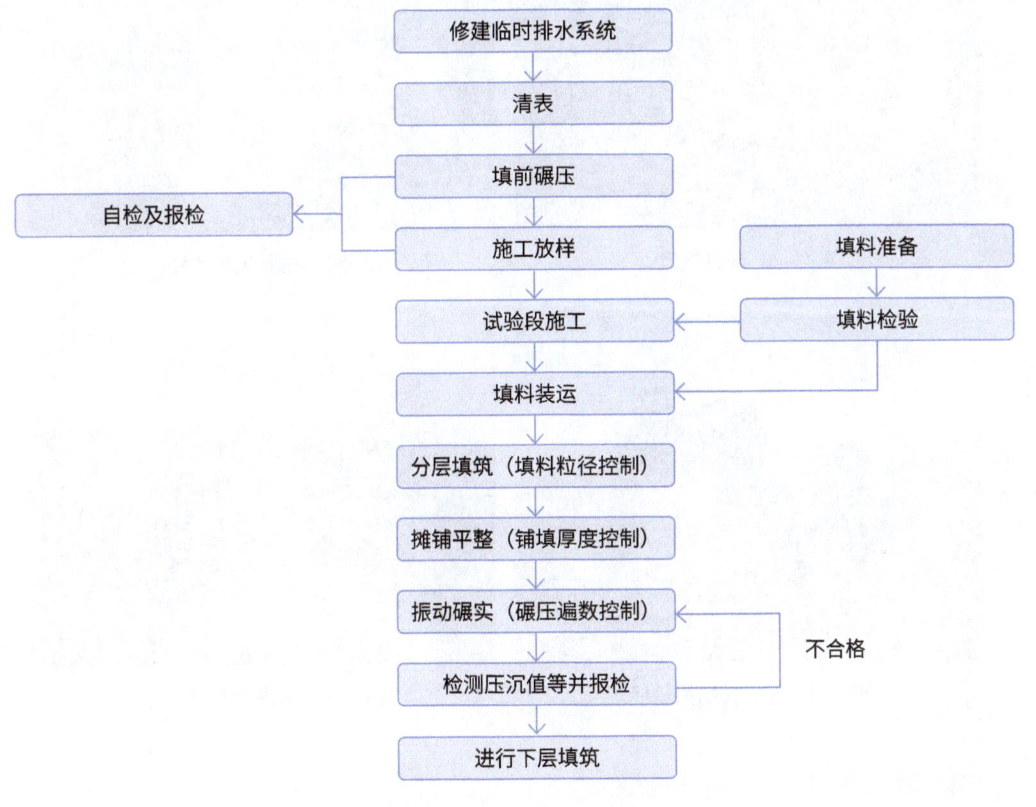

图 3–37 施工工艺流程图

四、实施过程控制及实施效果

1. 清表、地基处理

清除用地范围内的垃圾、有机物残渣及原地面以下至少 30cm 内的草皮、农作物的根系和表土（图 3–38），进行碾压，保证压实度达到相关设计要求。

2. 测量放样

开工前，用全站仪进行导线点、水准点复测并加密（图 3–39）。根据图纸设置界桩以及坡脚、边沟、护坡道等的具体位置桩，并标明其轮廓。

3. 路基上料

对填料进行源头控制，将超粒径填料破碎、剔除后选择性上车；粗平后，采用挖掘机配合人工再次进行剔除，对剔除材料采用矿业碎石机械破碎后再行利用（图 3–40）。

设置路基填筑宽度超填 50cm，确保压实度；每层碾压完成后，设置土质高程带，土质高程带既可控制高程又可作为临时拦水梗，同时起到包边土作用（图 3–41）。

图 3-38 清表处理

图 3-39 测量放样

图 3-40 超粒径填料破碎

图 3-41 设置土质高程带

严格执行画格上土，控制填筑厚度。

4. 填料摊铺

采用推土机摊铺填料并进行粗平（图 3-42）。

5. 平地机整平

设置 5cm×5cm 石灰高程桩，方便操作人员进行观察（图 3-43）。

图 3-42 推土机粗平

图 3-43 平地机整平

6. 碾压成型

采用 26t 以上压路机将路基振动碾压成型。碾压时从边部向中心碾压，对超高路段从低处向高处碾压，碾压过程中，重叠 1/2 碾压轮宽。振动碾压完毕后，再采用钢轮压路机静压数遍（图 3–44）。

a)

b)

图 3–44 碾压成型（振动碾压和静压）

7. 压实度检测

压实度采用压沉值检测，按压沉值不超过 2mm 进行控制。

8. 边坡整修

人工配合挖掘机及时整修边坡，保证边坡顺直。及时设置拦水梗和临时泄水槽，保证场内临时排水的通畅（图 3–45、图 3–46）。

图 3–45 设置挡水埂

图 3–46 泄水槽

山皮石路基填筑施工工艺

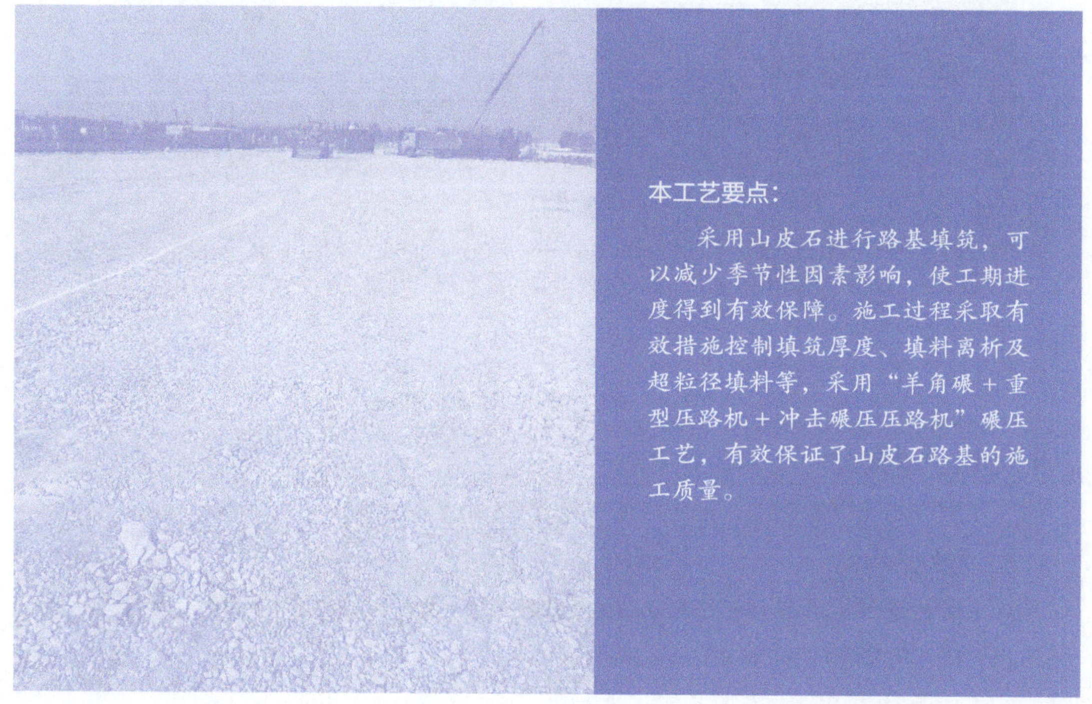

本工艺要点：

采用山皮石进行路基填筑，可以减少季节性因素影响，使工期进度得到有效保障。施工过程采取有效措施控制填筑厚度、填料离析及超粒径填料等，采用“羊角碾＋重型压路机＋冲击碾压压路机”碾压工艺，有效保证了山皮石路基的施工质量。

一、实施背景

采用山皮石进行路基填筑，利用山皮石具有受雨季、冬季施工影响因素小的特点，优化碾压工艺，严格控制超粒径填料和填筑厚度等，可以有效保证施工质量及工期。

二、适用范围

适用于受雨季、冬季施工影响大，施工工期紧，且附近有充足山皮石料源的路基填筑施工。

三、工艺简述

采用全断面水平分层填筑，按“四区段八流程”填筑方法施工。山皮石路基填筑施工工艺如图 3-47 所示。

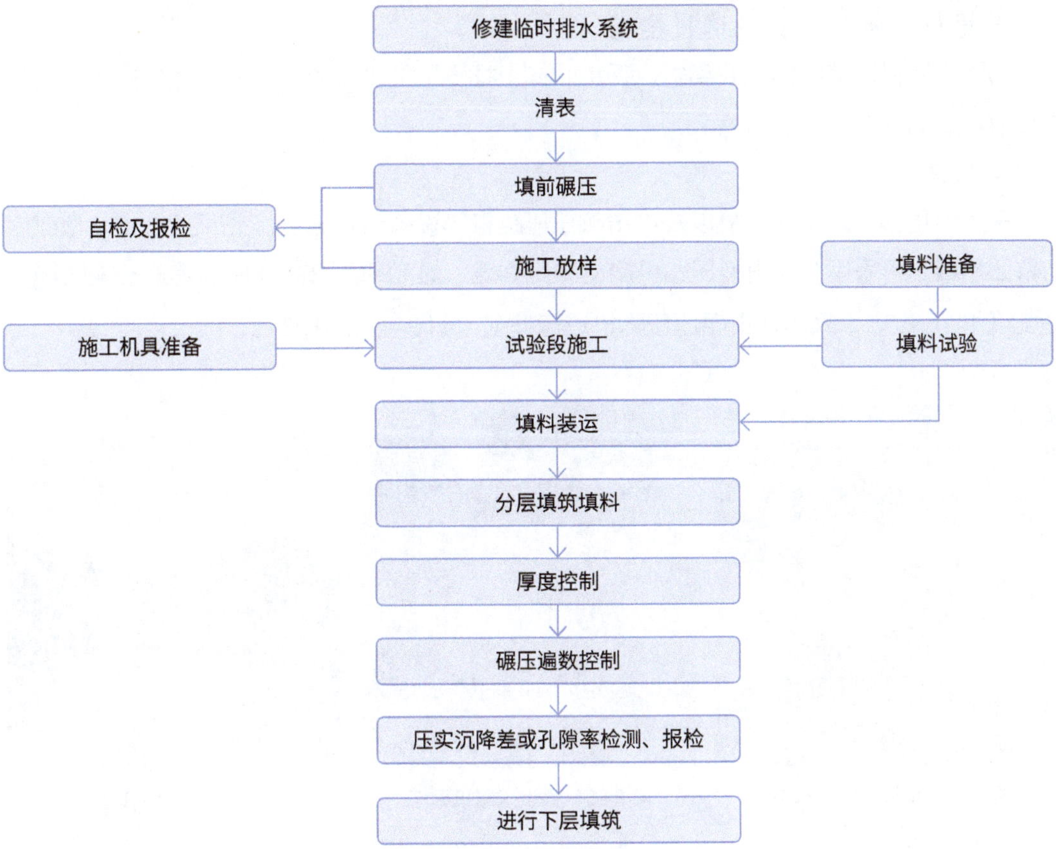

修建临时排水系统
↓
清表
↓
填前碾压 → 自检及报检
↓
施工放样 → 自检及报检
↓
试验段施工 ← 施工机具准备；填料准备 → 填料试验 → 试验段施工
↓
填料装运 ← 填料试验
↓
分层填筑填料
↓
厚度控制
↓
碾压遍数控制
↓
压实沉降差或孔隙率检测、报检
↓
进行下层填筑

图 3-47 工艺流程图

四、实施过程控制及实施效果

1. 填筑厚度控制

进行打格上料，在路基中线设高程墩，路基边线竖花竿、挂线控制填筑层厚度，保证路基填筑层厚（图 3-48、图 3-49）。

图 3-48 打格上料

图 3-49 高程墩

2. 填料离析及超粒径填料控制

为防止填料摊铺时山皮石离析，采用“卸上推下”的施工方法，并配置破碎锤，将超粒径填料解小并分散（图 3–50）。

3. 碾压

采用羊角碾、重型压路机以及冲击碾压压路机等设备进行碾压。先采用 22t 羊角碾振动碾压两遍，再采用 32t 重型压路机振动碾压 8 遍，最后采用 22t 压路机静压一遍收面。每填筑 1.2m 左右，采用冲击碾压压路机进行补强（图 3–51、图 3–52）。

图 3–50 超粒径填料解小

图 3–51 重型压路机碾压

图 3–52 冲击碾压

4. 检测

（1）沉降差检测

碾压完成后，进行沉降差检测，每 200m 取 4 个断面，每断面取不少于 5 个检测点，测点布置为路线中心线处及左右两侧各 12m、24.5m 处，安放直径为 10cm 的钢球，检测沉降差，沉降差控制不大于 2mm。

（2）孔隙率检测

采用水袋法对山皮石路基孔隙率进行检测。

高填路基半填半挖施工工艺

本工艺要点：

通过采用破碎锤、拖式凸块振动压路机、手扶式压路机等施工机械及过程检测，提高了高填路基的压实质量。针对土工格栅铺设过程中，回填土料造成的土工格栅损坏、变形等问题，通过精细化管理、进占法填筑等措施，加强了土工格栅的成品保护。

一、实施背景

高填路基施工中，因局部厚度不均、路基边缘处理不到位、填料粒径超标等原因，易造成路基压实质量不合格；土工格栅铺设过程中，因控制不严易造成土工格栅损坏和变形。通过施工过程精细化管理，可以保证路基的填筑质量。

二、适用范围

适用于高填路基填筑及半填半挖处理。

三、工艺简述

半填半挖高填路基施工工艺主要包括：填前处理、填挖交接部位处理、分层填筑及碾压、强夯补强、土工格栅铺设以及回填土料。工艺流程如图 3-53 所示。

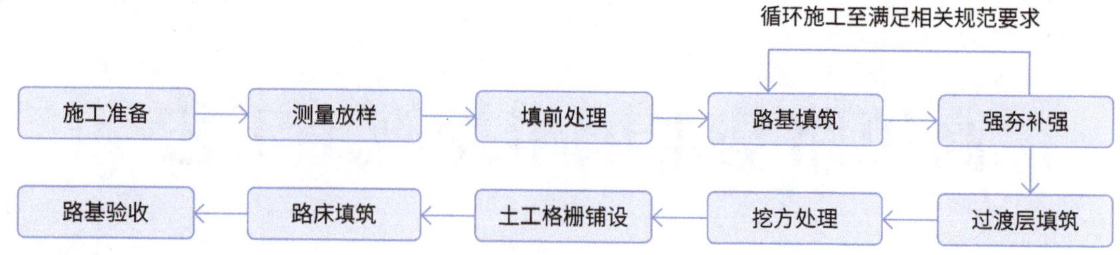

图 3-53 高填路基半填半挖施工工艺流程

四、实施控制及实施效果

1. 材料控制

（1）填料

半填半挖地段填料，选用主线路堑爆破开挖的花岗片麻岩作为填料（图 3-54），按填石路基进行施工，控制石料强度、不均匀系数、粒径等检测指标均符合相关规范要求。填料选择主要参数如下：

①石料强度不小于 15MPa，填料不均匀系数取 15 ~ 20。

②路床填料最大粒径小于 10cm；路床底面以下 70cm 厚的过渡层，填料最大粒径小于 15cm，其中粒径小于 0.05mm 的细粒料含量不小于 30%。

③路床顶面 150cm 以下填料最大粒径不超过层厚的 2/3。

a)　　b)

图 3-54 现场填料准备

（2）高强土工编织布

在填石路堤顶部设置过渡层，并铺设一层高强土工编织布，防止细料下渗。控制土工编织布参数中纵、横向抗拉强度为 80kN，梯形撕裂强度为 2.5kN，断裂延伸率为 15%，CBR 顶破强度为 8kN，等效孔径取 0.05 ~ 0.4mm，垂直渗透系数取 10^{-5} ~ 10^{-4}m/s，路幅宽度取 800cm。

（3）双向经编涤纶土工格栅

在高填路基下路床顶部及底部分别铺设一层双向经编涤纶土工格栅，控制其纵横向极限抗拉强度≥ 100kN/m，纵横向延伸率≥ 15%。

2. 机械配置

在填方路基施工中采用振动压路机、推土机、挖掘机、自卸车、强夯机等施工机械的基础上，增加两台破碎锤用于控制填料粒径，增加一台拖式凸块振动压路机以及一台手扶式压路机用于提高填石路基压实质量。机械设备配置如表 3–6 所示。

机械设备配置　　表 3-6

设备名称	规格型号	数　量	用　途
挖掘机	$1m^3$	4	填料挖装
振动压路机	26t	2	路基碾压
推土机	160kW	1	整平
自卸车	$20m^3$	8	弃方、填料运输
强夯机		2	强夯补强
手扶式压路机	HYL–700	1	路基边缘碾压
拖式凸块振动压路机	500kN	1	填石路堤碾压
破碎锤	YC2000	2	填料粒径解小
装载机	MG953	1	夯坑推平

3. 填前处理

（1）清表

对路基用地范围内的垃圾、有机物残渣及原地面以下 30cm 内的草皮和表土予以清除，集中运输至弃土场。

（2）台阶开挖

按设计和施工相关规范要求清理半填断面的原地面，并从填方坡脚以上设置向内侧倾斜 4%、宽度不小于 4m 的台阶。在挖方一侧，台阶与每条行车道宽度一致，位置重合（图 3–55）。

（3）填前碾压

采用重型振动压路机对路基基底及开挖台阶进行碾压，开挖台阶应按所处位置控制压实度，采用灌砂法检测压实度（图 3–56）。

图 3-55 台阶开挖

a)

b)

图 3-56 填前碾压及压实度检测

（4）路基放样

每隔 10m 定出中桩和边桩，用石灰撒出路基边线。每填筑三层测量一次纵断面高程、横坡、中线偏位、宽度、平整度等数据。

4. 填料粒径控制

（1）在填料装运点用挖掘机挑拣出粒径超标石块（图 3-57），用破碎锤集中破碎解小。

（2）路基上料过程中用挖掘机挑出超粒径的填料（图 3-58），并用破碎锤解小，避免因为填料粒径超标，导致局部压实质量不合格的现象。

图 3-57 挑拣粒径超标石块

图 3-58 挖除超粒径填料

5. 层厚控制

（1）经试验段确定松铺厚度不大于 50cm 后，撒灰线打网格，竖立标尺杆、挂线控制摊铺厚度，采用推土机根据标尺杆刻度进行摊铺、整平（图 3-59）。

a)

b)

图 3-59 打网格、挂线、树立标尺杆

（2）上料、推铺

采用水平分层、纵向分段、机械为主、人工为辅的方法进行分层填筑。推土机完成一个区段的摊铺后，再整体平整路基，行驶路线从两侧逐步向路基中心刮平。

6. 碾压要点

（1）摊铺完成后，采用 1 台 50t 激振力的拖式凸块振动压路机与 2 台 26t 振动压路机根据试验段确定的碾压工艺进行碾压（图 3-60）。

a)

b)

图 3-60 路基碾压施工

碾压工艺如下：

①采用 26t 振动压路机以 3km/h 的速度静压一遍。

②采用 50t 拖式凸块振动压路机以 2km/h 的速度强振 2 遍。

③采用 26t 振动压路机以 2km/h 的速度强振 2 遍。

④采用 26t 振动压路机以 3km/h 的速度匀速静压收面，保证碾压后的路基顶面稳定、无轮迹，检测沉降差平均值≤ 2mm。

碾压时，按照“先慢后快、先静压后振动”的顺序，直线段由两边向中间、曲线段由内侧向外侧纵向进退式进行碾压。碾压作业时，行间（横向）重叠 40 ~ 50cm，碾压区段间（纵向）重叠 5m 以上，做到无偏压、无死角、碾压均匀。

（2）半填半挖段碾压

填筑路基时，半填半挖路段从最低处的台阶开始分层摊铺碾压，同时对开挖的台阶和对应的填筑层进行碾压，碾压填挖交界处的拼接时做到密实、无拼痕。由于受碾压设备自身的影响，台阶局部存在碾压空白区，因此需要在台阶结合部位增加横向碾压。

（3）路基边缘碾压

为使路基边缘能得到充分压实，将每侧填料摊铺宽度加宽 50cm。路基边缘 1m 范围内采用手扶式压路机进行补压，保证路基边缘的压实质量。

（4）保证碾压后的路基顶面稳定、无轮迹，压实度检测沉降差≤ 2mm。

7. 强夯要点

每填筑 4m 路基后进行强夯补强一次，分为主夯、副夯和满夯。对每段每层路基强夯前，均应进行试夯，以确定强夯得到的参数与采用的工艺准确有效，保证强夯处理质量。主夯、副夯夯击能取 2000kN · m，夯锤质量取 20t，夯锤提升高度取 10m；满夯夯击能取 1200kN · m，夯锤质量取 20t，夯锤提升高度取 6m。

夯击前，先进行夯点放线，保证夯锤定位准确。

主夯完成后，静置 72h，推平场地，放出副夯点，进行副夯，再推平，进行全幅满夯。分别对主夯、副夯和满夯夯沉量数据进行记录，确保夯击质量合格（图 3-61）。

8. 铺设双向土工格栅

（1）土工格栅铺设时，长度方向应与填挖交界轴线垂直，铺设完成后进行人工拉紧，保证土工格栅平顺，无扭曲、折皱、重叠，与下层路基密贴良好（图 3-62）。

图 3-61 夯击布点及夯击作业

图 3-62 土工格栅铺设

（2）控制两幅土工格栅叠合宽度不小于 30cm，用塑料带绑扎牢固，用 U 形钉锚固，锚固采用 1m × 1m 梅花形布置（图 3-63）。

a)

b)

图 3-63 土工格栅连接、锚固

9. 回填填料

第一层土工格栅铺设完毕，采用进占法回填上料，使用推土机随卸随铺，先填路基两端，形成纵向通道后，再依次扩展至全幅路基，严禁运料车及推土机在土工格栅上直接碾压。

压路机根据试验段确定的碾压工艺，由两端向路堤中心碾压，顺路堤纵向行驶，控制压实度≥ 96%，分两层回填，松铺厚度取 30cm，回填至上路床底部，铺设第二层土工格栅。

10. 检测

通过合理配置施工机械及人员，衔接紧密工序，加强填料粒径控制，优化碾压、强夯工艺等，保证了路基压实后沉降差均在 2mm 以内，使强夯补强满足主、副夯 5 击，满夯 3 击且最后一击夯沉量在 5cm 之内（图 3-64、图 3-65）。

图 3-64 压实沉降差检测

图 3-65 强夯夯沉量检测

深挖路堑施工工艺

本工艺要点：

松动爆破后，采用挖掘机配合破碎锤进行施工，减少了爆破对软弱岩层的影响，提高了坡面成型后的外观质量，同时减少了坡面落石危险，保证了施工安全；

采用混合式开挖法施工，做到了多层、多方向出渣，提高了施工机械工效，加快了施工进度。

一、实施背景

挖方地质比较软弱，机械直接开挖又比较困难的情况下，常规爆破易引起边坡失稳。采用控制药量松动爆破，挖掘机、破碎锤配合进行刷坡，可有效解决爆破对边坡造成的影响，保证边坡成型后的外观质量。

二、适用范围

适用于风化软弱岩层的深挖路堑施工。

三、工艺简述

本工艺采用混合式开挖法施工。先将路堑纵向挖通后，然后沿横向坡面挖掘，做到多层、多方向出渣，可以提高施工机械工效，加快施工进度。具体施工工艺流程如图 3-66 所示。

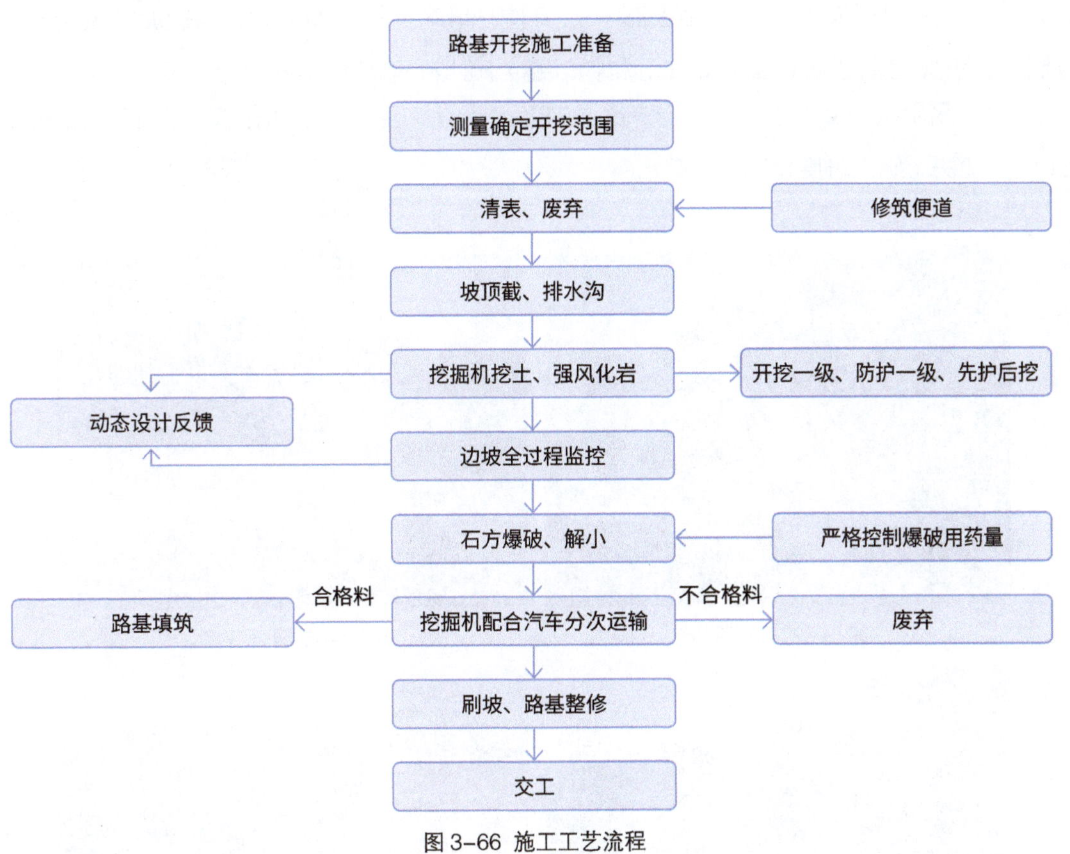

图 3-66 施工工艺流程

四、实施过程控制及实施效果

1. 安全技术交底

施工前严格进行安全技术交底，且签字留档，并安排专职安全技术人员监督落实。现场醒目位置悬挂工艺二维码、安全标志牌、安全作业指导书等。

2. 施工便道

由于地形起伏较大，坡度崎岖，难以修筑便道。经过多次现场勘查，使用无人机辅助选线，最终确定按“之”字形修筑便道。便道铺筑石渣，外侧做土埂，并沿线设立反光柱、反光条，保证车辆行驶安全。

3. 排水系统

施工前，对排水系统进行通盘考虑。对截水沟、排水沟进行提前施工。路堑开挖过程中设置临时排水沟，将路堑内积水排出路基以外。每一级开挖完成以后，及时按设计要求修筑平台排水沟（图 3-67）。

4. 路堑开挖

（1）遵循先中间后两侧、由上而下 、开挖一级防护一级的原则，当边坡开挖后不能及时防护时，应在坡面覆盖彩条布等材料以避免雨水冲刷（图 3-68）。

（2）采用松动爆破与机械配合开挖法施工，做到多层、多方向出渣，提高了施工机械工效，加快了施工进度（图 3-69）。

图 3-67 排水系统

图 3-68 分层开挖

a)

b)

图 3-69 多层、多方向出渣

5. 爆破

（1）爆破工艺

爆破钻孔，主炮孔间距按 3m × 3m 梅花形布置，控制主炮孔距离边坡至少 2m；边坡孔钻孔方向与边坡坡率一致，严格控制装药量不超过 1kg/m^3，确保边坡稳定（图 3-70）。

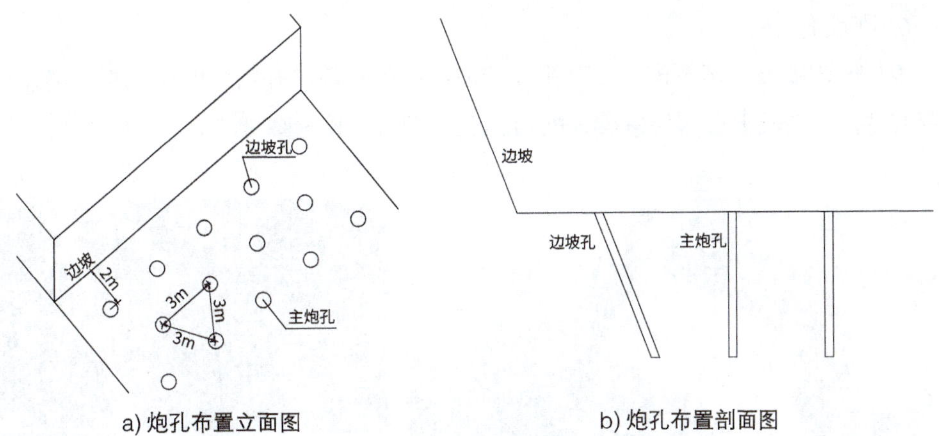

a) 炮孔布置立面图　　b) 炮孔布置剖面图

图 3-70 炮孔示意图

施工接近路床时，控制钻孔孔底深度超出路床基底 1 ~ 1.5m，采用一次爆破成型，便于后期石方外运、路床整修（图 3-71、图 3-72）。

图 3-71 爆破打孔

图 3-72 石方外运

（2）安全管理

爆破前确保安全范围内无任何人员，设置安全警戒线，安排专人值守，确保施工安全（图 3-73、图 3-74）。

图 3-73 设置安全警戒线

图 3-74 专人值守

6. 边坡修整

边开挖边刷坡，每下挖 3m 对新开挖边坡进行修整，并用坡度尺或相关测量仪器随时检查坡度，对较硬孤石采用破碎锤配合施工（图 3–75 ~ 图 3–77）。

图 3–75 挖掘机刷坡

图 3–76 破碎锤刷坡

a)

b)

图 3–77 边坡成型效果图

7. 边坡监测

开挖施工过程中进行边坡全过程监测，通过监测数据反映的坡体稳定状况，控制施工进度，指导下步施工。

边坡监测方面，前期每 3 天观测 1 次，施工过程中每周观测 1 次，雨天每 2 天观测 1 次，若出现异常情况，适当加密观测周期和断面，对有较大失稳危险的边坡，持续观测至工程运营后一年。

监测的同时，加强日常巡视，做到有异常情况能够及时发现、及时处置。

8. 动态设计

大于 30m 的岩质路堑边坡，属于深挖路堑，施工中应严格遵守动态设计原则，及时反馈信息，联系相关单位，对设计进行优化调整（图 3–78）。

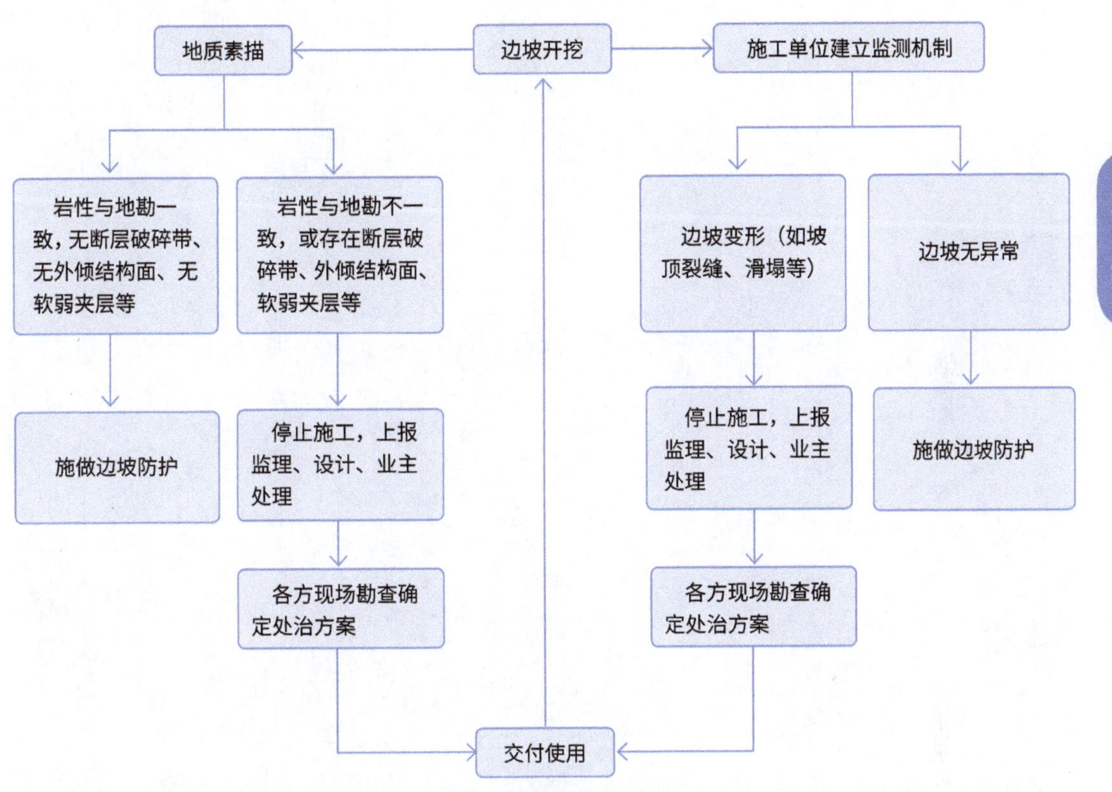

图 3–78 动态设计流程图

台背回填施工工艺

本工艺要点：

采取“五专管理”，有效控制了台背回填过程；
采用液压夯补强，使压实度沉降差提高到1mm；
台背回填完成后，进行预压，减小了工后沉降。

一、实施背景

“桥头跳车”目前是我国高速公路质量通病的一种，追其原因主要是台背回填填料控制不严、过程控制不严、压实质量欠佳、基底处理存在问题以及未及时做好防排水措施等。施工过程中通过严格选料、加强过程控制以及工后预压等一系列措施，可以有效减小台背工后沉降。

二、适用范围

适用于桥梁涵洞台背回填。

三、工艺简述

1. 施工工艺流程

台背回填施工工艺流程如图 3–79 所示。

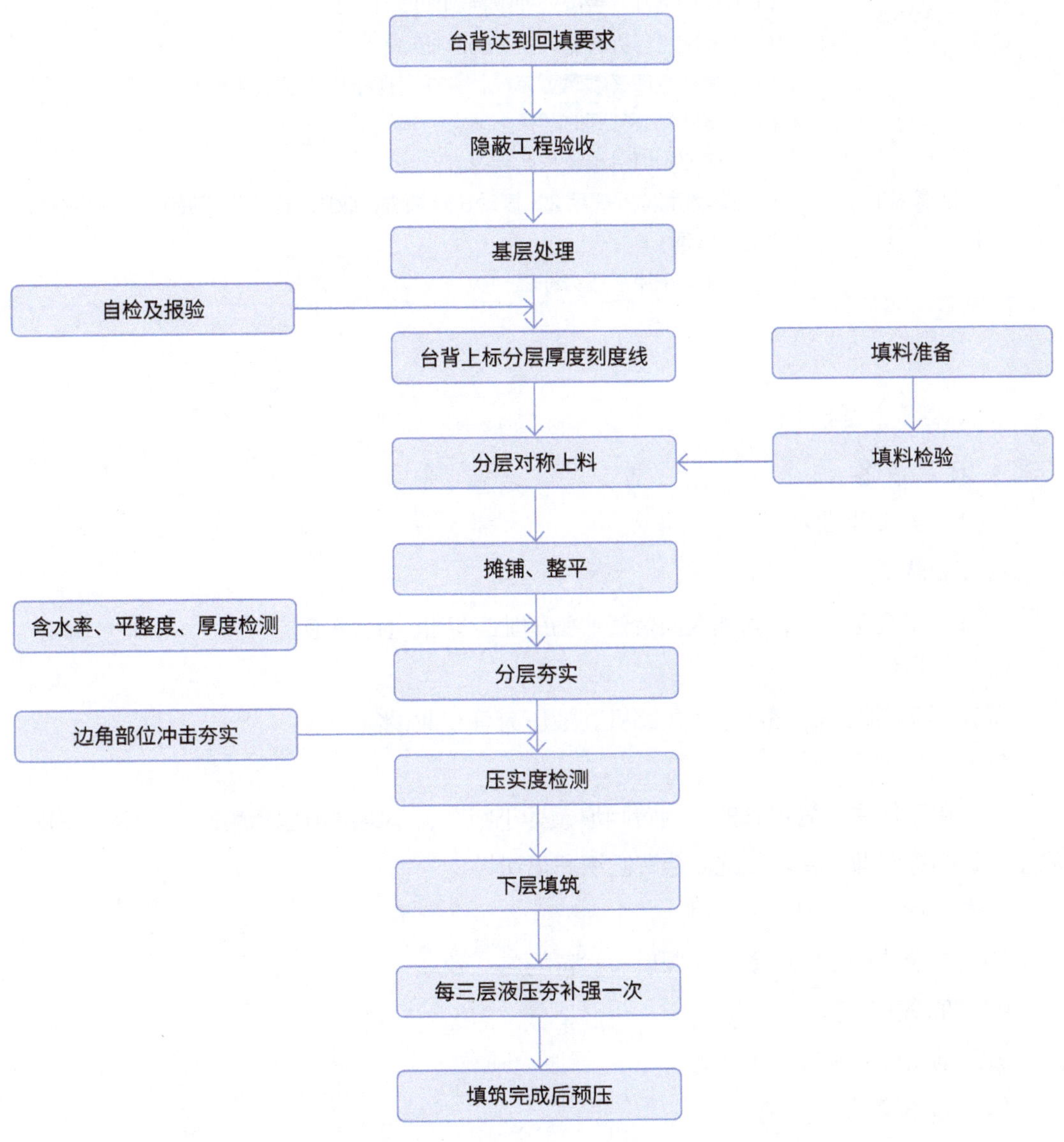

图 3–79 台背回填施工工艺流程图

2. 工艺亮点

台背回填施工工艺亮点如表 3–7 所示。

台背回填施工工艺亮点　　表 3-7

序号	施工工艺	工 艺 亮 点
1	技术准备	（1）严格执行三级交底制度； （2）严格执行“五专管理”
2	现场准备	（1）涵洞施工完成后进行基坑回填； （2）衔接段路基开台阶处理或控制坡度为 1:5； （3）按要求进行沉降缝、台身防水处理； （4）回填前基底必须碾压完成，并在台身标分层层厚刻度线
3	回填施工	（1）台背两侧必须同时对称回填、碾压； （2）严格控制填料粒径及填筑厚度； （3）主体大面位置采用 22t 振动压路机进行碾压，边角位置采用小型压路机、冲击夯进行处理； （4）每 3 层采用液压夯补强一次

四、实施过程控制

1. 技术准备

（1）“五专管理”

①专业队伍

选择施工经验丰富，管理人员责任心强的施工队伍进行施工。

②专门设备

除常规压路机外，增加小型压路机、液压夯等专业设备。

③专门负责人

成立以工区主任为组长的“台背回填领导小组”，小组成员包括生产、技术、安全、测量、试验等专业工程师，确保台背回填质量可控。

④专门材料

通过试验选择专门料场，确保填料材料均匀一致。

⑤专项施工工艺

施工前制订专项施工工艺。

（2）技术交底

施工前，组织有关技术及施工人员进行技术交底，明确“五专管理”要求，对施工工艺、技术要点以及检测指标等进行培训。

2. 现场准备

（1）基坑回填

涵洞施工完成后，清理基坑内杂物，采用原状土进行回填，控制回填层厚不大于15cm，使用小型冲击夯夯实。回填完成后采用液压夯补强一次。

（2）台阶开挖

台背回填与一般路基段铺筑同步进行，对于特殊情况需先填筑路基后回填台背部位，路基需反向开挖台阶；台阶开挖处至路基碾压密实处，回填台背时对台阶进行再次碾压。控制台背回填底宽不小于6m，预留坡比为1:2，控制台阶宽度不小于2m，控制向内坡度为4%。

（3）防水施工

涵洞墙身达到设计强度后按相关规范及图纸要求进行防水层沥青及沉降缝处理。基础襟边以下沉降缝填嵌沥青木板，基础襟边以上接缝外侧以热沥青浸制麻筋填塞，深度不小于5cm；涵洞外侧涂热沥青两道，每道厚1.5mm，填土前进行隐蔽验收（图3–80）。

（4）填前碾压

用全站仪放设路基中线及坡脚线，验收合格后进行填前碾压，压实度达到设计要求后进行下道工序施工（图3–81）。

图3–80 涵洞墙身防水层

图3–81 填前碾压

（5）层厚控制线

在涵洞墙身左、中、右分别标分层层厚刻度线，采用红、白油漆间隔画设，层高取15cm（图3–82）。

（6）材料选择

台背回填材料选用路基石方开挖得到的碎石，最大粒径不超过5cm（图3–83）。

图 3-82 分层层厚刻度线

图 3-83 路基石方开挖

3. 台背填筑

（1）上料

根据每车装载量及松铺厚度计算出每车摊铺面积，进行打格上料，对台背两侧对称回填（图 3-84、图 3-85）。

图 3-84 画方格网

图 3-85 台背两侧对称回填

（2）摊铺

人工配合挖掘机进行摊铺，进一步将超粒径填料剔除。

（3）碾压

墙身 50cm 范围外采用 22t 振动压路机碾压，靠近结构物边角、压路机无法碾压部位采用小型压路机、冲击夯处理（图 3-86、图 3-87）。

图 3-86 22t 压路机碾压

图 3-87 冲击夯处理

（4）液压夯补强

每填筑 3 层后采用液压夯补强一次（图 3–88）。

4. 压实度检测

压实度采用沉降差法检测，每侧布置左、中、右三个点，控制沉降差在 1mm 以内，每 5 层进行一次 EVD 检测，保证压实度符合要求（图 3–89、图 3–90）。

5. 堆载预压

为减少工后沉降，根据台背回填高度和填料相对密度计算出预压高度，在台背回填完毕后进行堆载预压，预压时间不少于 3 个月（图 3–91）。

图 3–88 液压夯补强

图 3–89 沉降差法检测压实度

图 3–90 EVD 检测

图 3–91 台背堆载预压

五、实施效果

通过事先预防、精细化过程管理以及填筑完成后堆载预压，使台背回填质量得到了有效控制，并有效减小了台背回填工后沉降。

片石混凝土挡土墙施工工艺

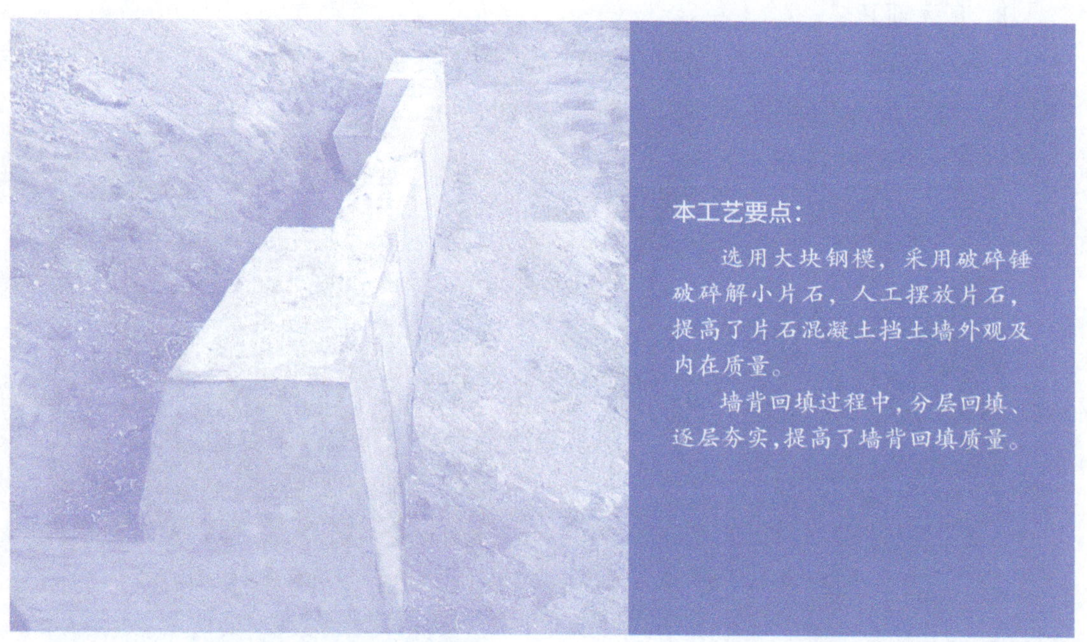

本工艺要点：

选用大块钢模，采用破碎锤破碎解小片石，人工摆放片石，提高了片石混凝土挡土墙外观及内在质量。

墙背回填过程中，分层回填、逐层夯实，提高了墙背回填质量。

一、实施背景

片石混凝土挡土墙（以下简称“挡墙”）施工过程中，容易出现外观平整度差、错台较大、空洞、蜂窝麻面等质量通病，使墙背回填处发生路基沉陷，给高速公路行车安全带来隐患。

施工过程中就地取材，选择路基石方开挖得到的优质片石，对片石混凝土挡墙施工精细化管理，提高了挡墙及墙背回填质量。

二、适用范围

适用于片石混凝土挡墙施工。

三、工艺简述

片石混凝土挡墙施工工艺主要包括基坑开挖、基底处理、脚手架搭设、模板安装、泄水孔安装、片石混凝土浇注、墙背回填等。工艺流程如图 3-92 所示。

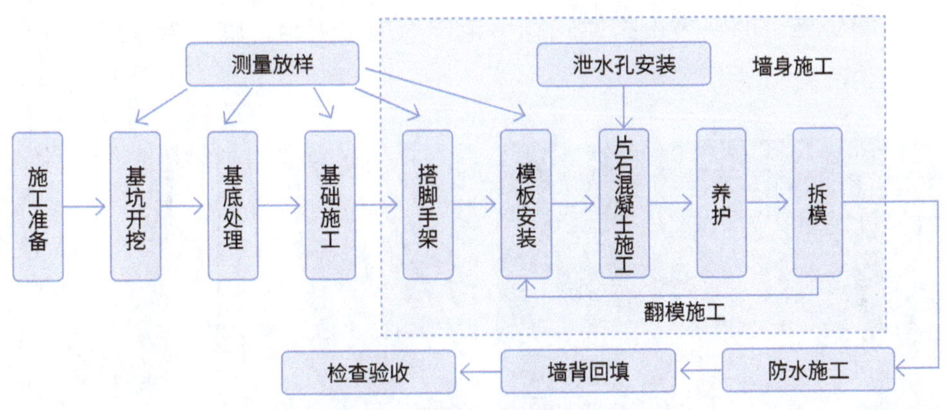

图 3-92 片石混凝土挡墙施工工艺流程

四、实施控制及实施效果

1. 材料控制

（1）混凝土

施工前先进行混凝土配合比设计，选择合适的坍落度和外加剂掺量，确定最佳施工配合比。

（2）片石

选择主线路堑爆破开挖得到的优质片石，控制石质一致、无风化、无裂缝，抗压强度不小于 30MPa。在片石装运点设置一台破碎锤，用挖掘机将超大粒径片石挑出，用破碎锤破碎解小，控制片石粒径在 15 ~ 30cm。

（3）土工布

墙背回填底部铺设一层 400g/m^2 的防水土工布，顶部采用砂砾石外包一层 300g/m^2 的长纤无纺渗水土工布，作为排水层。

2. 模板控制

（1）挡墙施工采用 1.2m × 1.5m 定型钢模，面板厚度 6mm。模板进场后按照相关模板准入制要求，对面板厚度、刚度、平整度、拼缝错台、模板尺寸等进行验收（图3–93）。

a)　　b)

图 3-93 模板验收

（2）墙身施工时，搭设扣件式脚手架作为施工平台，脚手架采用 ϕ48 钢管搭设（图 3-94）。

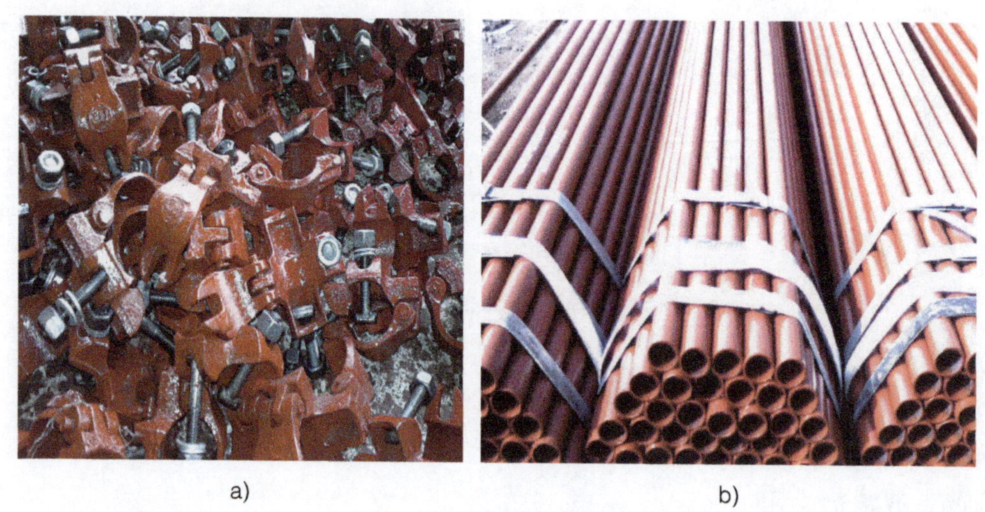

a)　　b)

图 3-94　扣件式脚手架原材料

3. 机械设备配置

机械设备配置如表 3-8 所示。

机械设备配置　　表 3-8

序号	设备名称	规格型号	数　量
1	汽车起重机	25t	1 台
2	洒水车	10m³	2 台
3	振动棒	2.2kW	3 台
4	冲击夯机	H050	2 台
5	切割机	5kW	1 台
6	装载机	18 型	1 台
7	挖掘机	PC220	1 台
8	凿毛机	BC-11A	1 台
9	泵车	SY5190THB	1 台

4. 基坑开挖及基底处理

（1）放样得到挡墙基坑开挖线，基坑边坡坡率按 1:0.5 设置，工作面宽度设为 50cm。

（2）安排专人指挥挖掘机由两端向中间进行基坑开挖。开挖时基底预留 10cm 左右，由人工进行清理。

（3） 基坑开挖完成后，进行地基承载力检测，若承载力不满足相关设计要求，需根据现场实际情况采取换填垫层法等地基处理措施（图 3–95）。

（4）在开挖范围外 1m 设置安全围挡，并挂设安全标志牌（图 3–96）。

图 3–95 承载力检测

图 3–96 安全围挡

5. 模板安装

（1）测量放样

用全站仪放样得出挡墙基础平面位置，用 ϕ12 钢筋桩标记 4 个角点，以挂线为依据确定模板安装的基准线。

（2）模板安装

挡墙基础、墙身按照设计沉降缝位置进行分段施工，采用 1.2m × 1.5m 定型钢模进行模板组拼。

墙身根据竖向高度采用翻模法分次施工，施工时根据设计尺寸在挡墙基础上放样出墙身浇注边线，并弹墨线标出边线位置。墙身模板采用脚手架钢管进行侧向支撑和固定，并搭设双排扣件式脚手架作为施工平台。

模板安装时，采用吊锤随时复核模板坡度，模板接缝采用双面不干胶胶带通长粘贴。模板安装完成后，复核平面位置及坡度，标出混凝土浇注高度、墙身位置，用 3m 直尺检查模板平整度及拼缝错台。采用水性脱模剂均匀涂刷模板表面，降低气泡在模板上的吸附性（图 3–97）。

a)　　　　b)

图 3-97　墙身模板及脚手架布置

6. 片石混凝土浇筑

（1）根据挡墙不同分节高度，片石混凝土浇筑采取由低到高跳节施工。混凝土由泵车泵送入模，自由倾落高度不超过 2m。

（2）每节段挡墙片石掺量，根据相关设计要求及所浇部位每层混凝土的方量计算。施工时，先在底部浇注一层混凝土，振捣完成后，人工放置片石，不可随意抛掷。混凝土按 30cm 分层浇注，控制片石摆放间距大于 15cm，与模板距离大于 25cm（图 3-98）。

（3）采用插入式 50 型振动棒进行混凝土振捣，振捣棒移动间距不大于作用半径的 1.5 倍，插入下层混凝土内的深度控制在 5 ~ 10cm，与侧模保持 5 ~ 10cm 的距离，并避免碰撞模板、钢筋及其他预埋件。振捣时，每一振点的振捣延续时间为 20 ~ 30s，直至混凝土不再沉落、不出现气泡、表面呈现浮浆，防止过振（图 3-99）。

图 3-98　人工放置片石

图 3-99　片石混凝土振捣

（4）混凝土施工缝处理

在挡墙新旧混凝土接茬面等间距预埋石榫，保证上下层混凝土的有效连接。控制用作石榫的片石粒径不小于 15cm，石榫间距不大于 25cm，距模板边缘大于 25cm 以上。石榫预埋完毕后，用木抹对混凝土面进行收面，定浆后二次抹面。

混凝土达到设计强度 70% 后，对施工缝接茬面进行凿毛处理。凿除浮浆，露出骨料，并用水冲洗干净，控制深度为 10mm 以上（图 3–100、图 3–101）。

图 3–100 接茬面预埋石榫

图 3–101 接茬面凿毛

（5）混凝土养护

混凝土初凝后，采取全覆盖滴灌法进行养护，于混凝土顶面沿墙长方向每 3m 设置一个 200L 水桶，养护不少于 7 天。

7. 泄水管设置

根据地形变化提前规划泄水管布置，保证泄水管布置线形顺直、美观，保证排水顺畅。施工时，在已浇注混凝土顶面预埋钢筋，用铁丝将 PVC 管与钢筋固定牢固，保证片石混凝土浇注过程中不发生偏移；PVC 管端部用渗水土工布包裹严密，防止灰浆进入堵塞泄水孔（图 3–102）。

8. 沉降缝设置

（1）挡墙节段间沉降缝，采取在已浇注完成的一侧墙身侧面上粘贴一层 2cm 厚整块泡沫板的方式进行设置。

（2）挡墙墙身浇注完成后，沿墙身周边将沉降缝外侧 20cm 范围的泡沫板剔除，用沥青麻絮填塞，填缝必须塞满填实，不得污染墙身（图 3–103）。

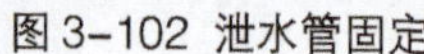
图 3-102 泄水管固定

图 3-103 沉降缝填塞沥青麻絮

9. 墙背回填

（1）墙背回填前，在挡墙内侧混凝土表面涂刷防腐涂料。

（2）挡墙基坑采用砂砾进行分层回填，并用冲击夯逐层夯实，控制压实度大于90%，其上铺设一层防渗土工布。

（3）挡墙混凝土强度达到设计强度的 75% 后，及时对墙背进行回填。墙背回填采用透水性良好的碎石土分层填筑，控制压实层厚不大于 15cm，采用小型冲击夯夯实，控制压实度不小于 96%（图 3-104）。

（4）墙顶以下 0.5m 的范围内设置黏土防渗层，控制厚度不小于 30cm，分两层填筑。

a)

b)

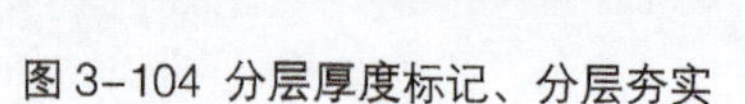
图 3-104 分层厚度标记、分层夯实

FU LU

附录

本书在编写过程中得到了大量工作人员在数据搜集和资料整理方面的帮助。负责本书资料搜集、数据整理工作人员名单如附表 1 所示。

负责本书资料搜集、数据整理工作人员名单　　附表 1

内　容		单位名称	姓　名
第一部分　隧道	隧道开挖施工工艺微改进	中国建筑股份有限公司太行山高速公路西阜保定段项目经理部	李志刚 谢雷彬
		中交路桥建设有限公司太行山高速公路涞曲段项目经理部	单炳骥 赵国龙
		河北保神工程监理有限公司太行山高速公路西阜保定段总监办	白洪江
		河北通达工程监理咨询有限公司太行山高速公路涞曲段总监办	祁海利
	隧道初期支护工艺微改进	中国建筑股份有限公司太行山高速公路西阜保定段项目经理部	李志刚 谢雷彬
		中交路桥建设有限公司太行山高速公路涞曲段项目经理部	单炳骥 赵国龙
		河北保神工程监理有限公司太行山高速公路西阜保定段总监办	白洪江
		河北通达工程监理咨询有限公司太行山高速公路涞曲段总监办	史纪强
	隧道二次衬砌施工设备微改造	中国建筑股份有限公司太行山高速公路西阜保定段项目经理部	李志刚 谢雷彬
		中交路桥建设有限公司太行山高速公路涞曲段项目经理部	单炳骥 赵国龙
		河北保神工程监理有限公司太行山高速公路西阜保定段总监办	白洪江
		河北通达工程监理咨询有限公司太行山高速公路涞曲段总监办	祁海利
	隧道仰拱施工设备微改进	中国建筑股份有限公司太行山高速公路西阜保定段项目经理部	李志刚 谢雷彬
		中交路桥建设有限公司太行山高速公路涞曲段项目经理部	单炳骥 赵国龙
		河北保神工程监理有限公司太行山高速公路西阜保定段总监办	白洪江
		河北通达工程监理咨询有限公司太行山高速公路涞曲段总监办	安景峰

续上表

内　容		单位名称	姓　名
第二部分　桥涵	桩基冲击钻成孔施工工艺	中国建筑股份有限公司太行山高速公路西阜保定段项目经理部	张洪斌 甄志超
		河北保神工程监理有限公司太行山高速公路西阜保定段总监办	曹雪峰
	桩基干挖成孔施工工艺微改进	中国建筑股份有限公司太行山高速公路京蔚段项目经理部	李坤明 吴　杰
		河北省交通建设监理咨询有限公司太行山高速公路京蔚段 ZJ1 总监办	曲　军
	“套管法”桩头无损破除施工工艺	中交路桥建设有限公司太行山高速公路涞曲段项目经理部	陈　冬 张志强
		河北通达工程监理咨询有限公司太行山高速公路涞曲段总监办	秦佛朋
	T 梁预制施工工艺	中国交通建设股份有限公司太行山高速公路京蔚段项目经理部	何　凡 王勤富
		辽宁第一交通工程监理有限公司太行山高速公路京蔚段 ZJ2 总监办	张　辉
	“一布一喷一棚”养护工艺	中国交通建设股份有限公司唐廊高速公路唐山段项目经理部	袁正武 孟海波
		河北交通建设监理咨询有限公司唐廊高速公路唐山段总监办	窦世昌
	浇筑台车在矮 T 梁预制施工中的应用	中国交通建设股份有限公司唐廊高速公路唐山段项目经理部	王增全 罗　烨
		河北交通建设监理咨询有限公司唐廊高速公路唐山段总监办	安宁宁
	T 梁预制冬季施工工艺	中国建筑股份有限公司太行山高速公路涞曲段项目经理部	刘　振 刘贺敏
		保定交通建设监理咨询有限公司太行山高速公路涞曲段总监办	董明伟
	支座垫石施工工艺	中国交通建设股份有限公司太行山高速公路京蔚段项目经理部	赵国良 许　飞
		辽宁第一交通工程监理有限公司太行山高速公路京蔚段 ZJ2 总监办	亢晓波
	现浇箱梁满堂支架法施工工艺	中国建筑股份有限公司太行山高速公路涞曲段项目经理部	尤　虎 马向阳
		保定交通建设监理咨询有限公司太行山高速公路涞曲段总监办	李　伟

续上表

内　容		单位名称	姓　名
第二部分 桥涵	钢波纹管涵施工工艺	中交路桥建设有限公司太行山高速公路涞曲段项目经理部	张志强 张亚军
		中国交通建设股份有限公司太行山高速公路京蔚段项目经理部	许　飞 张鹏华
		河北通达工程监理咨询有限公司太行山高速公路涞曲段总监办	钱冰杰
		辽宁第一交通工程监理有限公司太行山高速公路京蔚段 ZJ2 总监办	黎铁钧
	盖板涵施工工艺	中国交通建设股份有限公司太行山高速公路京蔚段项目经理部	许　飞 张鹏华
		辽宁第一交通工程监理有限公司太行山高速公路京蔚段 ZJ2 总监办	金文海
	现浇箱涵施工工艺	中国交通建设股份有限公司唐廊高速公路唐山段项目经理部	袁正武 罗　烨
		河北交通建设监理咨询有限公司唐廊高速公路唐山段总监办	张志勇
	“装配式”箱涵施工工艺微改进	中国交通建设股份有限公司唐廊高速公路唐山段项目经理部	何国锋 孟海波
		河北交通建设监理咨询有限公司唐廊高速公路唐山段总监办	窦世昌
第三部分 路基	水泥搅拌桩施工设备微改造	中国交通建设股份有限公司唐廊高速公路唐山段项目经理部	王增全 刘年明
		河北交通建设监理咨询有限公司唐廊高速公路唐山段总监办	陈占雨
	强夯施工工艺	中国建筑股份有限公司太行山高速公路涞曲段项目经理部	尤　虎 熊振成
		保定交通建设监理咨询有限公司太行山高速公路涞曲段总监办	李　杰
	湿陷性黄土路基填筑施工工艺	中国建筑股份有限公司太行山高速公路京蔚段项目经理部	平振伟 郭　雷
		中国交通建设股份有限公司太行山高速公路京蔚段项目经理部	鲁泽建 沈洪杰
		河北省交通建设监理咨询有限公司太行山高速公路京蔚段 ZJ1 总监办	梁红波
		辽宁第一交通工程监理有限公司太行山高速公路京蔚段 ZJ2 总监办	关大壮
	天然砂砾路基填筑施工工艺	中国交通建设股份有限公司太行山高速公路京蔚段项目经理部	蒋妙强 王　强
		辽宁第一交通工程监理有限公司太行山高速公路京蔚段 ZJ2 总监办	王英来

续上表

<table>
<tr><th colspan="2">内　容</th><th>单位名称</th><th>姓　名</th></tr>
<tr><td rowspan="13">第三部分　路基</td><td rowspan="2">山皮石路基填筑施工工艺</td><td>中国交通建设股份有限公司唐廊高速公路唐山段项目经理部</td><td>何国锋 刘年明</td></tr>
<tr><td>河北交通建设监理咨询有限公司唐廊高速公路唐山段总监办</td><td>秦运强</td></tr>
<tr><td rowspan="2">高填路基半填半挖施工工艺</td><td>中交路桥建设有限公司太行山高速公路涞曲段项目经理部</td><td>张　何 彭　园</td></tr>
<tr><td>河北通达工程监理咨询有限公司太行山高速公路涞曲段总监办</td><td>郑建伟</td></tr>
<tr><td rowspan="4">深挖路堑施工工艺</td><td>中国建筑股份有限公司太行山高速京蔚段项目经理部</td><td>郎志军 王光辉</td></tr>
<tr><td>中国建筑股份有限公司太行山高速西阜保定段项目经理部</td><td>闫立伟 张　健</td></tr>
<tr><td>河北省交通建设监理咨询有限公司太行山高速公路京蔚段 ZJ1 总监办</td><td>奚　彬</td></tr>
<tr><td>河北保神工程监理有限公司太行山高速公路西阜保定段总监办</td><td>白洪江</td></tr>
<tr><td rowspan="2">台背回填施工工艺</td><td>中国建筑股份有限公司太行山高速涞曲段项目经理部</td><td>张金年 刘　振</td></tr>
<tr><td>保定交通建设监理咨询有限公司太行山高速公路涞曲段总监办</td><td>李　巍</td></tr>
<tr><td rowspan="2">片石混凝土挡土墙施工工艺</td><td>中交路桥建设有限公司太行山高速公路涞曲段项目经理部</td><td>彭　园 杨晓光</td></tr>
<tr><td>河北通达工程监理咨询有限公司太行山高速公路涞曲段总监办</td><td>朱建军</td></tr>
</table>

CAN KAO WEN XIAN

参考文献

[1] 丁蔚，吕奖国，殷永高．坚固桥梁根基 建设交通品质工程 [J]. 中国公路，2018(11).

[2] 张波，刘荣华．九江长江大桥（一桥）公路桥加固改造工程纪实 凝心聚力，全过程创建品质工程 [J]. 交通建设与管理，2018(2).

[3] 韦璐明，黄才源，李金霞．建设高品质高速公路贯彻落实“交通强国”战略——广西交通投资集团匠心打造品质工程 [J]. 西部交通科技，2018(2).

[4] 孙芹丽．品质工程创建过程中工地试验室管理的要点 [J]. 珠江水运，2018(6).

[5] 曹涛．高速公路品质工程创建实例浅析 [J]. 山西建筑，2018(3):245-247.

[6] 喻新强．工程质量管理的探索和实践之路 [J]. 施工企业管理，2018(1).